大乗仏教の根本

〈般若学〉入門

チベットに伝わる『現観荘厳論』の教え

田中公明

大法輪閣

『現観荘厳論』の法議が記されたタンカ ——本書 54 頁参照

（公益財団法人東洋文庫所蔵）

まえがき

著者と『般若経《はんにゃきょう》』の関わりは、東京大学文学部印度哲学科（現インド哲学科）に進学した時、故高崎直道教授から『八千頌《じゅ》般若経』の「一切相智品《いっさいそうちほん》」と「常啼品《じょうたい》」の演習を受けたことに始まる。

その後、同大学大学院を満期退学後、文化交流研究施設に助手として奉職すると、山口瑞鳳教授の下で大英図書館所蔵の敦煌《とんこう》出土チベット語文献の目録を編集することになった。その中でも最も厄介だったのが、厖大《ぼうだい》な『十万頌般若経』の断片の整理であった。きわめて小さな断片の同定は、砂丘の中から一つの貝殻を見つけるのにも比すべき気の遠くなるような作業であった。しかし『十万頌般若経』は、『二万五千頌般若経』所説の教理命題を代入法によって四倍に増広したものであり、同じ構文の教理命題が執拗《しつよう》に繰り返されるという特徴をもっていた。そこで、このような構文が出てくる断片は「初分難信解品《しょぶんなんしんげ》」、これは「初分讃《さん》般若品」というように、慣れるにしたがって小さな断片でも同定できるようになった。このようにして著者はしだいに、世界でも類を見ない、この聖典独自の面白さに興味を引かれるようになっていった。

『般若経』は、ブッダと須菩提《しゅぼだい》・舎利弗《しゃりほつ》のような仏弟子、あるいは帝釈天《たいしゃくてん》や恒河天女《ごうがてんにょ》といった神々との問答という体裁を取ってはいるが、大乗仏教が真であると考える教理命題の羅列が全巻の大半を占めている。同じ大乗仏典でも、『法華経《ほけきょう》』や『華厳経《けごんぎょう》』のようなドラマチックな戯曲的構成がないのである。しかもその内容は、紀元後一世紀頃から徐々に形成されてきただけに、当初から一つの首尾一貫した体系的説示とはなっていない。それにも関わらず、『般若経』が大乗仏教の根本聖典として広く尊崇されてきたのは、それが大乗仏教の根本思想を、もっとも端的に示したものであったからに他ならない。

そしてこのような『般若経』を、体系的に理解しようとする論書が『現観荘厳論《げんかんしょうごんろん》』（アビサマヤーランカーラ）であり、その試みをさらに発展させたものこそ、チベットで「般若学」（シェルチン）あるいは「波羅蜜学《はらみつ》」（パルチン）と呼ばれた教理学に他ならない。なお現在のチベットでは、「般若学」より「波羅蜜学」の用例の方が圧倒的に多い。しかし、波羅蜜には般若波羅蜜以外の五波羅蜜あるいは九波羅蜜が含まれるが、チベット仏教の教理学は、もっぱら般若波羅蜜を説く『般若経』に基づいており、他の五波羅蜜を説く経典が参照されることはない。またチベットで「波羅蜜乗《じょう》」というと、密教《みっきょう》に対する顕教《けんぎょう》一般を指すことになるので、本書では誤解を避けるため「般若学」の呼称を使うことにした。

その後著者の興味は、チベット仏教とその核をなす密教、そして密教美術の研究へと向かったが、チベット密教の教理は、その多くを『現観荘厳論』に基づく『般若経』の解釈学に負《お》っており、般若学の知識なくしては、チベット仏教を理解することはできないということを悟った。

そこで二〇〇三年から母校東京大学の非常勤講師として、「チベット仏教文献講読」を担当することになったのを機に、セラ・ジェプツンの『現観荘厳論註《ちゅう》』を読み始めたが、同書は余りにも浩瀚《こうかん》で、わずかに第八章「法身《ほっしん》」の概説を読み終わっただけで、学期末を迎えてしまった。そこで二〇〇四年からは、よりコンパクトなタルマリンチェンの『ナムシェー・ニンポギェン』（釈説《しゃくせつ》心髄《しんずい》荘厳《しょうごん》）を教科書として、二〇〇六年までにⅧ法身の全篇を読み終えた。

著者としては、大学の文献講読でチベットの般若学を取り上げたのは、自分が始めてだと自負していたが、その後同時期に大谷大学で、兵藤一夫教授が『ナムシェー・ニンポギェン』を講じられ、その成果が同教授の『般若経釈　現観荘厳論研究』（文栄堂）にまとめられたことを知った。なお兵藤教授は、著者とは反対に巻頭の「摂義《しょうぎ》」から読み始めたが、やはり巻末まで文献講読を進めることはできなかった。

大学の講義は通常、春学期と秋学期で九〇分講義が各一二回か一三回、合計で二五回前後になる。ところがチベットの僧院で般若学を学ぶ学僧は、沙弥《しゃみ》として入門してから一〇年から一五年かけてやっと学業を完成させ「ゲシェー」あるいは「ケンポ」の学位を取得する。

これを僅《わず》か一年の講義で大学の学部学生にも分かるように概説すること自体、きわめて困難な作業と言わざるを得ない。そこで今回は、著者が副会長を務める『チベット文化研究会報』に連載してきた「チベット仏教の根本教理――般若学入門――」が本年度中に完結するのを機に、内容に大幅な加筆修正を加え、㈲大法輪閣から一巻の書物として刊行することにした。しかし連載が長期に亘《わた》ったため、初期と後期では術語や文体が一致しないといった問題が起きていた。そこで今回一巻の書とするに当たって、連載の各回を1章として、各章の体裁を整えた。また全体を二十四章立てとしたのは、一回の通年講義で全部読み終わるよう配慮したためである。

チベットの般若学の内容は多岐《たき》に亘っており、この二四種のトピックに尽きるものではない。しかし総《すべ》てのトピックを扱えば一年の講義で読了することが困難になり、入門書・概説書としての簡潔さも失われる。そこで今回は、あえて四〇〇字詰め原稿用紙二〇〇枚ほどの原稿量に止め、さらに学びたいという読者のために、ビブリオグラフィーと索引を付した。

『現観荘厳論』やチベットの般若学は、多数のテクニカルタームの羅列ばかりで、何を説いているのか分からないとの評価が、従来から仏教学者の間にさえあった。これは『現観荘厳論』は大乗仏教の根本聖典『二万五千頌般若経』の解釈学であるということが忘れられ、一つの独立した論書のように見られたことに起因するものと思われる。しかも般若学の文献として最もポピュラーなハリバドラの『現観荘厳光明《こうみょう》』（アビサマヤーランカーラーローカ）は、『二万五千頌般若経』に基づく『現観荘厳論』「八章七十義」の体系を、本来は別系統であった『八千頌般若経』に当てはめたものであった。このことも、そのような誤解に拍車をかけるものとなったと思われる。

そこで本書では、『現観荘厳論』のトピックを、可能な限り『二万五千頌般若経』の経文にまで遡《さかのぼ》って考察するという手法を採った。ところが本書で見るように、チベットの般若学で教証《きょうしょう》として引用される『二万五千頌般若経』の経文のいくつかは、漢訳の『大品般若経《だいぼんはんにゃきょう》』や『大般若波羅蜜多経』「第二分」には、対応箇所《かしょ》が見いだされない。

そこで本書では、ネパールで発見されたサンスクリット原典やチベット訳に見られる経文を、もし鳩摩羅什《くまらじゅう》や玄奘《げんじょう》が目にしたら、どのように訳したかを想定し、現行の『二万五千頌般若経』に合致する漢訳を仮想的に作り、漢文読み下し調にして引用した。この際、『十万頌般若経』に相当する『大般若波羅蜜多経』「初分《しょぶん》」を漢文読み下しにした『国訳一切経《こくやくいっさいきょう》』「般若部」（椎尾辨匡訳、大東出版社）を参考にしたが、玄奘の新訳語で一般には普及していないもの、例えば「善現《ぜんげん》」は「須菩提」というように旧訳語に置き換えた。

このような手法については、もちろん学問的な批判はあるだろうが、この便法《べんぽう》によって従来難解とされてきた『現観荘厳論』に基づくチベットの般若学が、日本で仏教を学ぶ学生にも十分理解可能なものとなったと自負している。

また複雑な『現観荘厳論』と『二万五千頌般若経』の構造を理解するため、各章に多数の表を添付した。このようにテキストを段落に分科《ぶんか》し、それらの関係を明らかにするために詳細な科文《かもん》（シノプシス）を制作するのは、チベットの伝統的な学習方法であり、チベット仏教はシノプシスの仏教であるといっても過言ではない。さらに『現観荘厳論』「八章七十義」の体系を示すため、八章の各章にはⅠ一切相智《いっさいそうち》、Ⅱ道種智《どうしゅち》というようにローマ数字、「七十義」の各義には⑴発心《ほっしん》、⑵教誡《きょうかい》というように、パーレン括《くく》りの番号を付した。なお「七十義」の各義には、全体の通し番号ではなく各章の中での番号を付している。さらに「七十義」より下の分科には①②③のように丸囲み数字を用い、シノプシスの階層が明解に理解できるよう心がけた。

『二万五千頌般若経』のサンスクリット原典としては木村高尉氏の校訂テキスト（山喜房仏書林）を使用した。この労作なくしては、本書が世に出ることもなかったであろう。いっぽう『二万五千頌般若経』のチベット訳としては、中国蔵学研究中心編『丹珠爾《タンジュル》』（第五〇～五一巻）所収本を用いた。なお『丹珠爾』の信頼性については、欧米の研究者から疑問が呈《てい》せられている。しかし同書はデルゲ・ナルタン・北京《ペキン》・チョーネの四版を対校した唯一の刊本であり、現段階では最善の選択であったと考えている。

いっぽう『現観荘厳論』の邦訳としては真野龍海『現観荘厳論の研究』(山喜房仏書林)を参照した。ただし『二万五千頌般若経』の経文と対照して、一部の訳文・訳語を、より適当と思われるものに変更した。また漢訳がない『現観荘厳論』からの引用は、漢文読み下し調とはしなかった。

本書の成るにあたっては、㈲大法輪閣の佐々木隆友氏のお世話になった。同社から『チベット密教　成就の秘法』を刊行した時、佐々木氏には普通の編集者にはできないチベット文字の校正を、念入りにやって頂いた。それ以来、一度佐々木氏とチベット仏教関係の仕事をしてみたいと思っていたが、今回その念願が叶ったことは喜ばしい。また日本にはなじみの薄いチベットの般若学に関して、連載の機会を与えてくださったチベット文化研究会の皆様にもお礼を申し上げたい。さらに本文やビブリオグラフィーで言及した以外にも、多数の研究者の著書、論文を参照させていただいた。末筆となってははなはだ恐縮であるが、記して感謝の意を表させていただきたい。

目次

V　頂現観

●カバー写真「大般若説相図」（カワチェン所蔵）
●装幀……山本 太郎

【カバー写真 「大般若説相図」について】

本書カバーに掲載した作品は、ブッダの誕生から入涅槃《にゅうねはん》までを描いた仏伝のタンカ・セットの１幅で、転法輪《てんぽうりん》つまりブッダの説法を描いている。その構図は、東チベット出身の仏画師プルブツェリンの原画に基づき、デルゲ印経院《いんきょういん》で開版された仏伝図９幅セット（ゼーパグタン）の図像を踏襲している。

仏伝図の転法輪としては、サールナートにおけるブッダの最初の説法、いわゆる初転法輪《しょてんぽうりん》を描くのが通例である。ところが本作品のブッダは転法輪印《いん》ではなく、右手に蓮華を持っており、その上方には『大般若経』を尊格化した般若仏母《はんにゃぶつも》、その左右には５尊ずつ十方《じっぽう》仏《ぶつ》が配されている。これは初転法輪ではなく、霊鷲山《りょうじゅせん》における『大般若経』の説法を描いたものである。チベットでは、『大般若経』の説法を描いた「十万頌《じゅ》般若縁起図」（’bum gyi gleṅ gźi’i bris bkod）という絵画が描かれたことが知られている。これはブッダが『大般若経』を説くに先立って、眉間の白毫《びゃくごう》から光明を放つと、その光が十方世界に至り、十方世界の仏は、それぞれ１人の菩薩を娑婆《しゃば》世界の霊鷲山に遣わせて、金色の蓮華を奉献し、『大般若経』を聴聞させたという『十万頌般若経』「縁起品《ほん》」の所説を絵画化したものである。

本作品では、十方仏が、それぞれ蓮華を菩薩に託する場面が描かれているので、『大般若経』の説法を描いたことが確認できる。これはチベット仏教が大乗仏教に属し、小乗の教えを説いたサールナートの初転法輪より、大乗の根本聖典である『大般若経』を重視していることを示している。

カバー写真：大般若説相図
（カワチェン所蔵）

カバー写真の原画
（カワチェン所蔵）

【チベット語のローマ字表記について】

本書におけるチベット語のローマ字表記は、Library of Congress式によっている。これは米国の国会図書館が提唱する方式であり、インドでチベット難民が出版した、チベット木版本のオフセット復刻版などで広く用いられている。

Transcription of Tibetan Script (The Library of Congress System)

ཀ་	ka	ཁ་	kha	ག་	ga	ང་	ṅa
ཅ་	ca	ཆ་	cha	ཇ་	ja	ཉ་	ña
ཏ་	ta	ཐ་	tha	ད་	da	ན་	na
པ་	pa	ཕ་	pha	བ་	ba	མ་	ma
ཙ་	tsa	ཚ་	tsha	ཛ་	dza	ཝ་	wa
ཞ་	źa	ཟ་	za	འ་	’a	ཡ་	ya
ར་	ra	ལ་	la	ཤ་	śa	ས་	sa
ཧ་	ha	ཨ་	a				

またサンスクリット語を音写するために、以下の逆字を用いる。

ཊ་	ṭa	ཋ་	ṭha	ཌ་	ḍa	ཎ་	ṇa
ཥ་	ṣa						

※次頁へつづく

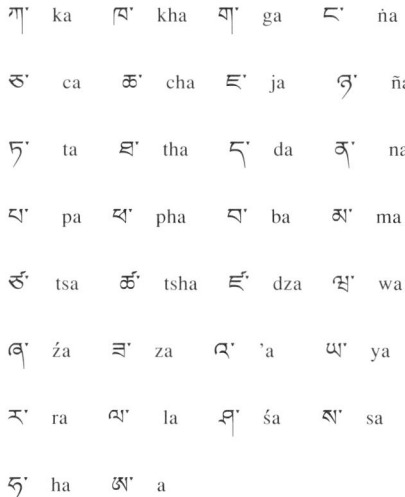

母音の表記のしかた。

ཀ་ ka　ཀི་ ki　ཀུ་ ku　ཀེ་ ke　ཀོ་ ko

基字に足がついた文字の転写例。

ཀྲ་ kra　ཀྱ་ kya　ཀླ་ kla　གླ་ gla

基字に頭字がついた文字の転写例。

རྐ་ rka　སྐ་ ska　ལྐ་ lka　སྒོ་ sgo

基字に前綴字や後綴字がついた文字の転写例

གང་ gaṅ　སང་ saṅ　གསང་ gsaṅ　བསང་ bsaṅ

基字に後綴字と再後綴字がついた文字の転写例

གངས་ gaṅs　གྲངས་ graṅs　གྲགས་ grags　གྲོགས་ grogs

頭字と足がついた基字に前綴字や後綴字がついた文字の転写例。

རྒྱ་ rgya　རྒྱས་ rgyas　བརྒྱ་ brgya　བརྒྱད་ brgyad

序論

第1章 般《はん》若《にゃ》学《がく》とは何か？

◆はじめに

私がチベット仏教の研究を始めてから、四〇年が過ぎようとしている。チベット仏教の最大の特徴は、かつて仏教の故国インドに栄えた大乗仏教と密教《みっきょう》の伝統を、今日《こんにち》まで忠実に継承していることにある。

チベット仏教は現在、世界各地でブームを迎えているため、インド・ネパールや欧米に渡って、チベット仏教を学ぶ若者が増えている。その中には私たちより、はるかに流暢《りゅうちょう》に経典を読誦《どくじゅ》し、一流の密教行者のように禅定《ぜんじょう》をする修行者がいる。しかし私は、はたして彼らのうちの何人が、チベット仏教の本質を理解しているのだろうかと思うことがある。

チベット仏教の欧米伝播《でんぱ》においては、仏教の基礎学を省略したり、著《いちじる》しく簡略化することが行われた。一九五九年のチベット動乱によって母国を追われたチベット仏教は、歴史も風土も異なる亡命先で、とりあえず檀信徒《だんしんと》を獲得しなければならなかった。したがって入門以来最低でも一〇年はかかるとされたチベット仏教の基礎学を省略し、いきなり高度な密教の行法を授けるといった便法《べんぽう》が行われたのである。

チベット仏教の欧米伝播から半世紀を経た今日では、このような行き過ぎに対する反省から、欧米人の信徒にも、仏教の基礎学の重要性が認識され、書籍の刊行やインターネット・サイトが開設されるようになった。しかし日本ではいまだに、実践者はいきなり勤行《ごんぎょう》やヨーガから修行をはじめ、教理を研究するアカデミックな仏教学者とは、まったく没交渉という事態が、当然のようにまかり通っている。

これは研究と啓蒙《けいもう》活動が並行して発展している欧米のチベット仏教に比して、著しく遅れているといえる。日本には古来、一五〇〇年に亘《わた》る仏教の伝統があり、その研究も世界のトップレベルにあった。その日本において、チベット仏教に関する知識のみが欧米に劣るのは、残念といわざるをえない。

チベット仏教とは一体何なのか？　その教えの本質はどこにあるのか？　日本の大乗仏教とは、どこが同じで、どこが違うのか？　このような本質的問題に答えるためには、チベット仏教の基礎学を学ばなくてはならない。

◆四大宗派の教法《きょうほう》

チベット仏教の四大宗派には、それぞれ宗派の根幹をなす教法がある。それはニンマ派では「ゾクチェン」、サキャ派では「ラムデー」、カギュー派では「マハームドラー」、ゲルク派では「ラムリム」となる。これらの教法は、それぞれの宗派を特徴づけるものであるが、相互に対立するものとは見なされない。

その昔、チベット仏教サキャ派に帰依《きえ》したモンゴル帝国のフビライ汗《ハン》は、サキャ派以外の宗派を禁じようとしたが、それを思いとどまらせたのは他ならぬサキャ派出身の帝師《ていし》パクパ（八思《ぱす》巴《ぱ》）であった。

各派の特徴的な教法は、異なった資質をもつ衆生《しゅじょう》のために説かれたものである。したがって他宗を禁じれば、チベット仏教の多様性が失われ、衆生救済の門戸を狭《せば》めるとされたのである。

したがって「ラムリム」や「ゾクチェン」は、それぞれの宗派においては最高の教法であっても、チベット仏教全体の基礎学・基礎理論とはなりえないのである。

◆チベット仏教の修学

ここで、チベット仏教の修学制度を概観してみよう。チベット仏教では論議が重視される。しかし論議といっても、やみくもに論争をしているのではない。チベット仏教の古典とされるテキストを学び、その正しい解釈について論議を行うのである。

チベットでは古来、龍樹《りゅうじゅ》（ナーガールジュナ）が著《あらわ》した『中論《ちゅうろん》』、弥勒《みろく》（マイトレーヤ）の『現観《げんかん》荘厳論《しょうごんろん》』、世親《せしん》（ヴァスバンドゥ）の『倶舎論《くしゃろん》』、徳光《とくこう》（グナプラバ）の『律経《りっきょう》』という四つの古典に通じた学僧が、「四つの難典《なんてん》に精通した学者」（カシパ dka' bźi pa）として、とくに尊敬された。

いっぽう論義をするためには、仏教論理学（因明《いんみょう》）の知識がなくてはならない。チベットで仏教論理学の古典的名著として広く研究されたのは、ダルマキールティの『プラマーナ・ヴァールッティカ』である。とくにツォンカパは、同書を単なる論理の教科書ではなく、思想書としても重視し、彼が開いたゲルク派の僧院では、前述の四つの難典に『プラマーナ・ヴァールッティカ』を加えた五つの古典が学ばれるようになった。

しかし学僧の一般的な修学コースでは、論理学は初級クラスのカリキュラムとされ、ダルマキールティの宗教哲学まで深く研究する学僧は稀である。いっぽう小乗の教理を集大成した『倶舎論』

は、大乗の研究に入る前段階と位置づけられている。わが国でも、南都《なんと》の学問寺では「唯識《ゆいしき》三年、倶舎八年」といわれ、『倶舎論』が大乗の唯識思想に入る前の基礎学とされていたのに比せられる。

◆チベットの般若学

チベット仏教では、すべての仏教を三段階に分類する「三時教判《さんじきょうはん》」chos 'khor rim pa gsum が一般的である。それによれば、ブッダは悟りを開いた後、ベナレスの鹿野苑《ろくやおん》に赴《おもむ》き、四諦《したい》の教えを説いた。これが第一転法輪《てんぽうりん》すなわち小乗の教えである。その後ブッダは、ラージギル（王舎城《おうしゃじょう》）の霊鷲山《りょうじゅせん》で、『般若経《はんにゃきょう》』を説いた。これが第二転法輪（大乗・中観《ちゅうがん》）である。そして最後にヴァイシャーリーで、『解深密経《げじんみつきょう》』を説いた。これが第三転法輪（大乗・唯識）である。

なお仏教の故国、インドの大乗仏教では、中観・唯識の二大学派が並び立ち、論争を繰り広げてきた。この三時教判は、『解深密経』が自らの唯識を、『般若経』に依《よ》る中観より上位に位置づけるために説いたものである。

ところがチベット仏教では、これを逆手《さかて》にとり、第二転法輪の『般若経』こそ、ブッダが説いた最高の教法、大乗仏教の根本聖典とするのである。

そして『中論』と『現観荘厳論』は、何《いず》れも『般若経』の教旨《きょうし》を敷衍《ふえん》した論書とされている。

そして『中論』が『般若経』の「表面的な意味」を研究するのに対して、『現観荘厳論』は、その「秘密の意味」sbas don を考究する「般若学」の根本テキストとされ、チベットでは宗派の別なく盛んに研究されてきた。

弥勒より『現観荘厳論』等を授かったとされる無著（アサンガ）

前述のツォンカパも、一九歳になった一三七五年から遊学《ゆうがく》の旅に出るが、これも「（般若）波羅蜜《はらみつ》のタコル（僧院巡り）」と呼ばれ、その総決算として書かれた著作が『現観荘厳論』の註釈書『レクシェー・セルテン』（善説金鬘《きんまん》）である。そして彼が開いたゲルク派の根本思想「ラムリム」（菩提道次第《ぼだいどうしだい》）では、中観派の「甚深観《じんじんかん》」に対して、『現観荘厳論』の学系が「広大行《こうだいぎょう》」と称され、「ラムリム」を構成する二大潮流の一つとして重視されている。

このようにチベット仏教の教理に関して、最も重要なテキストは『現観荘厳論』であるといっても過言ではない。

ところがわが国では、『般若経』が古代に伝播し、盛んに読誦・講説されたにもかかわらず、『現観荘厳論』は、ついに伝えられなかった。また近代にネパールで『現観荘厳論』の原典が発見され、荻原雲来《おぎわらうんらい》によって『現観荘厳光明《こうみょう》』の梵本《ぼんぽん》が校訂出版されても、チベットの般若学が、日本の学界で注目を集めることはなかった。日本では、中観や唯識の論書が一〇〇〇年以上に亘《わた》って研究されてきたのに対し、『現観荘厳論』には学問的伝統がなく、成立も八世紀まで下がるとされたため、その重要性が看過《かんか》されてきたのである。

◆般若学研究の意味

そこで以下では、従来わが国には知られることがなかった、チベットの般若学、すなわち『現観荘厳論』に基づく『般若経』の解釈学を、簡単に紹介することにしたい。

前述のようにチベットでは、中観派の仏教哲学が大乗仏教の根本思想として学ばれてきた。しかし中観派は、『般若経』に基づき、一切法《いっさいほう》が空《くう》・無自性《むじしょう》であることを主張するのみで、自ら積極的に教理体系を構築することはなかった。これに対して小乗の教理をまとめた『倶舎論』や唯識の論書は、経典に説かれた種々の教説を矛盾なく説明する体系的な教理をもっていた。

しかしチベットの三時教判では、小乗や唯識は仏教の究極の教えではなく、最高の教法は『般若経』とされていた。したがって『般若経』に基づきながら、大乗の教理を矛盾なく体系化するという役割が、『現観荘厳論』に与えられたといってよい。

悟りとは何か？ 悟りに至る道程にはどのような段階があるのか？ 悟りを開いた仏とは何か？ いくら一切法が空・無自性であるといっても、このような問題に、いちおう整合的な説明が与えられなくては、大乗仏教は何を目的とし、どのように衆生を救済するのかという問題にまで疑問が生じてくる。すなわち、大乗仏教の存在意義が問われることにもなりかねない。

そこでチベットでは、『般若経』と『現観荘厳論』に基づきながら、大乗の教理を体系化する努力がなされた。これがチベットの般若学の課題といえる。

チベットの般若学では、『現観荘厳論』が直接説いていないトピックまで、他の大乗仏典や唯識の論書などを援用して議論が進められることが多い。このようにチベットの般若学は、『般若経』や『現観荘厳論』の枠を超え、大乗仏教全般に適用できる教理体系の構築を目指したのである。

チベットでは、『現観荘厳論』が宗派の別なく古典として尊重されてきた。もちろん各宗派には、一部のトピックについて他にはない独自の解釈があるが、チベットでは、大乗の教理について各宗派が共通の土俵の上で議論を深める場があったことは重要である。

前述のように『現観荘厳論』は、日本には縁の薄いテキストのように思われてきた。しかしチベット撰述《せんじゅつ》の『現観荘厳論』の注釈書には、論議の教証《きょうしょう》として多数の大乗の経論が引用されており、それらの多くは、われわれ日本人にも馴染《なじ》み深いテキストである。

したがってチベットの般若学は、単にチベット仏教の基本的な教理を知るだけでなく、中国・日本仏教を含めた大乗仏教全般の教理を考える上でも重要なヒントを与えてくれるのである。

第2章

『現《げん》観《かん》荘《しょう》厳《ごん》論《ろん》』の構成

前章では、チベット仏教の教理を知る上で、『現観荘厳論』とそれに基づく般若学が、いかに重要であるかを紹介した。本章では、『現観荘厳論』が、全体としてどのような構造になっているかを、見ることにしよう。

◆シ・ラム・デーとの出会い

私がチベット学の手ほどきを受けたのは、私が東京大学で学んでいた頃、文化交流研究施設の教授であった山口瑞鳳博士である。山口博士は、フランスでチベット学を学んだが、その折、当時はまだ珍しかった日本からの留学生を暖かく迎え、懇切《こんせつ》に指導された先生が、故R・Aスタン博士であった。そこで山口博士は、ことある事に、このフランスの恩師の話をするのが常であった。R・Aスタン博士は、仏教学というより、チベット文化一般を幅広く究《きわ》められた学者であったが、中国や日本の大乗仏教にはない、チベット仏教の特徴については、それが「シ・ラム・デー」（基礎《きそ》・道《どう》・果《か》）の三つを備えた体系をもっていることであると、常に語っていたそうである。スタン博士は、「シ・ラム・デー」が、どの仏典に基づき、それが具体的に、どのような教理的意味をもつかについては、多くを語られなかったらしい。また私たち学生も、その内容をよく理解しないまま、「シ・ラム・デー」という言葉ばかりを記憶していたのであるが、最近になって私は、これこそ『現観荘厳論』の教理体系を、もっとも簡潔に表現したものであることを知った。

つまりチベット仏教の根本教理である『現観荘厳論』の体系を要約したものが、「シ・ラム・デー」ならば、その伝承をもたない中国・日本の大乗仏教にはない、チベット仏教最大の特徴を表現する術語として、「シ・ラム・デー」は最も適切なものということができる。私が東京大学で「シ・ラム・デー」の話を最初に聞いてから、すでに三〇年以上が経過したが、最近になって、やっと私にも、その真実の意味と重要性が分かってきたのである。

◆『現観荘厳論』の構成

チベットでは伝統的に、『現観荘厳論』は、「八章七十義」dṅos po brgyad don bdun cu あるいは「八現観七十義」mṅon rtog brgyad don bdun cu から構成されるといわれる。これは浩瀚《こうかん》な『二万五千頌般《じゅはん》若経《にゃきょう》』を八章に分割し、そこに説かれるトピックを七〇に要約したものに他ならない。

なお『二万五千頌般若経』は、鳩摩羅什《くまらじゅう》訳『大品《だいぼん》般若経』、玄奘《げんじょう》訳『大般若波羅蜜多経《だいはんにゃはらみたきょう》』（第二分）の原典とされるが、これらの漢訳と現行のサンスクリット原典（ネパール系）の間には、かなりの差違があり、長い年月をかけて現行のテキストが成立したことを物語っている。次章で見るように、現行テキストにほぼ準拠する『現観荘厳論』の解釈が、『二万五千頌般若経』の成立当初から存在していたとは考えられない。『現観荘厳論』が、『般若経』の「秘密の意味」を解明するテキストとされるのは、そのためである。

この「八章」は、

・Ⅰ一切相智《いっさいそうち》
・Ⅱ道種智《どうしゅち》
・Ⅲ一切智《いっさいち》
・Ⅳ一切相現等覚《いっさいそうげんとうがく》
・Ⅴ頂現観《ちょうげんかん》
・Ⅵ漸現観《ぜんげんかん》
・Ⅶ一刹那現等覚《いっせつなげんとうがく》

・Ⅷ法身《ほっしん》

の順に配列されている。そしてこれら「八章」には、合計で七〇のトピックが説かれるので、全体で「七十義」となるが、この「八章七十義」の次第には必然性があるというのが、『現観荘厳論』の立場である。（下・表参照）

チベットの般若学のテキストを読むと、各項目の説明が、ツァムジョルワ mtshams sbyor ba（関連の設定）、ツァワ rtsa ba（根本）、デルパ 'grel pa（解説）の三つからなっていることに気づく。これをチベットの般若学では、「ツァムツァデル・スム」つまり「関連の設定と根本と解説の三つ」と呼んでいる。

このうち「関連の設定」というのは、どうしてそのトピックが、全篇の中で、その箇所《かしょ》で言及されなければならないのかを、明らかにすることである。『二万五千頌般若経』の経文は、それが金口《こんく》仏説ではなく、仏弟子の須菩提《しゅぼだい》や舎《しゃ》

表　『現観荘厳論』の構成

道（ラム）				果（デー）
四加行				仏果
②加行	③最勝	④次第	⑤究竟	⑥異熟
Ⅳ一切相現等覚	Ⅴ頂現観	Ⅵ漸現観	Ⅶ一刹那現等覚	Ⅷ法身
11	8	13	4	4

利弗《りほつ》、さらに帝釈天《たいしゃくてん》や恒河天女《ごうがてんにょ》の言葉であったとしても、すべては仏の威神力《いじんりき》を受けて語られたものであるから、その次第には甚深《じんじん》の義が込められている。したがって、あるトピックの後に新たなトピックが語られるのには必然性があり、それを解明するのが「関連づけ」である。

つぎの「根本」とは、弥勒《みろく》が説いたとされる『現観荘厳論本頌』を意味し、解説というのはその本頌の内容を、『二万五千頌般若経』やハリバドラの『現観荘厳光明』（大註）『小註』など、他のテキストと比較しながら詳細に解説することを意味する。

このようにチベットの般若学は、大乗仏教の根本聖典『般若経』が、単に一切法が空・無自性であることを説くだけでなく、一々の経文は、大乗仏教の教理体系に従って配列されており、その秘密の意味を明らかにするものこそ『現観荘厳論』であるという立場に基づいて構築されているのである。

三位	基礎（シ）		
主題	三智		
六義	①相		
八章	I 一切相智	II 道種智	III 一切智
三位	果（デー）	道（ラム）	基礎（シ）
七十義	10	11	9

◆『現観荘厳論』とシ・ラム・デー

それでは最後に、どうしてこの『現観荘厳論』の体系が、先ほどの「シ・ラム・デー」と関係するのか見ることにしよう。

『現観荘厳論本頌』の末尾には、本論の要点をまとめた以下のような二偈《げ》が付されている。

「相《そう》とその加行《けぎょう》と、その最勝《さいしょう》とその次第《しだい》と、その究竟《くきょう》とその異熟《いじゅく》、以上が（八章とは）異なった六義による要約である」（第一偈）

「三つの所知《しょち》と、因《いん》である四種の加行と、果《か》である事業《じごう》（を伴《ともな》った）法身《ほっしん》、以上がもう一つの三義による要約である」（第二偈）

このうち六義による要約とは、Ⅰ一切相智／Ⅱ道種智／Ⅲ一切智を①相、Ⅳ一切相現等覚を②その加行、Ⅴ頂現観を③その最勝、Ⅵ漸現観を④その次第、Ⅶ一刹那現等覚を⑤その究竟、Ⅷ法身を⑥その異熟とするものである。ただしこの要約法は、チベットでは広く行われない。おそらくⅠⅡⅢで『二万五千頌般若経』の半分を占めてしまうのにⅦは数頁に過ぎないなど、著しくバランスを欠くものになるからであろう。

これに対してⅠ一切相智／Ⅱ道種智／Ⅲ一切智の三智を①所知、Ⅳ一切相現等覚／Ⅴ頂現観／

Ⅵ漸現観／Ⅶ一刹那現等覚の四加行を②因、Ⅷ法身を③果とする三義による要約は、後世に大きな影響を与えることになった。（前頁表参照）

チベットの般若学では、上掲の第二偈に従って、『現観荘厳論』の八章をⅠ／Ⅱ／Ⅲの三智を明らかにした第一部、Ⅳ／Ⅴ／Ⅵ／Ⅶの四加行を説いた第二部、最後のⅧ法身を説いた第三部の三つに分けることが多い。そしてこの三部が、前述の「基礎・道・果」（シ・ラム・デー）という、チベット仏教の伝統的概念に基づいて解釈されるのである。

チベット仏教では、衆生が修行を完成させるには、必ず「基礎・道・果」の三位を経《へ》なければならないという。このうち「基礎」（シ）とは「所知」つまり知るべきことを意味し、『現観荘厳論』の体系では、仏の悟った智慧が何であるかを知り、哲学的見解を正しくすることで、仏教の伝統的な修学論「聞《もん》・思《し》・修《しゅ》」の三学《さんがく》では「聞」と「思」に対応する。

つぎの「道」とは、修行によって正しい見解を証得することで、三学の「修」に対応する。『現観荘厳論』では、衆生が悟りを開くには、資糧道《しりょうどう》・加行道《けぎょうどう》・見道《けんどう》・修道《しゅどう》などの階梯《かいてい》を経て段階的に向上してゆき、最終的に究極的な悟りの境地である法身を現証《げんしょう》しなければならないという。そのためにチベットの般若学では、衆生がどの段階に達すると、どのような境地や能力を獲得するかが、種々の教証を駆使して、詳細に議論されることになった。

これに対して「果」とは、「聞・思・修」の三学の結果として得られた悟りであり、『現観荘厳論』の体系では究極の仏果《ぶっか》「法身《ほっしん》」に他ならない。

そしてチベットの伝統的解釈によれば、『現観荘厳論』の八章のうち、Ⅰ一切相智／Ⅱ道種智／Ⅲ一切智の三智は、悟りを開くために知らねばならないものだから「基礎《きそ》」（シ）に相当し、Ⅳ一切相現等覚／Ⅴ頂現観／Ⅵ漸現観／Ⅶ一刹那現等覚の四加行は、悟りに至る修行の過程であるから「道《どう》」（ラム）、Ⅷ法身は修行の究極の果であるから、「果《か》」（デー）であるといわれる。

なおⅠ一切相智／Ⅱ道種智／Ⅲ一切智の三智は、それぞれ仏、菩薩、声聞・縁覚の智慧とされるが、これも「基礎・道・果」に配当される。このうち八章の次第とは逆に、はじめに「果」であるⅠ一切相智を説いたのは、衆生に最高の仏果を得るという意欲を起こさせるためである。そしてⅡ道種智は、仏果を得る因となる菩薩の智慧であるから次に説き、Ⅲ一切智は小乗の聖者の智慧ではあるが、仏果を求める菩薩にとっては捨て去られるべきものであるから、最後に置いたという。

なおチベットでは、Ⅲ一切智をⅠ一切相智と区別するために「基智」gźi śes と呼ぶ。これはⅢ一切智が「基礎・道・果」の「基礎」に対応するからである。なお基智の原語はヴァストゥ・ジュニャーナで、正しくは「事智《じち》」と訳すべきだが、チベットでは「基智《きち》」の訳語が広く用いられている。

◆まとめ

このように本章では、『般若経』の秘密の意味を明らかにする『現観荘厳論』の構成が、基本的には「シ・ラム・デー」つまり「基礎」と「道」と「果」の体系に基づくことを紹介した。

仏教は歴史的ブッダである釈迦牟尼《しゃかむに》が、菩提樹《ぼだいじゅ》のもとで悟りを開いたことにはじまる。つまり「悟り」というものがなければ、仏教は存在しなかった。したがって、その悟りが何であるかが、最初に知られなければならないもの、つまり所知であり、仏教の基礎ということになる。

しかしその「悟り」が存在したとしても、我々凡夫《ぼんぷ》には永遠に実現することができないものであったなら、仏教には価値がないことになってしまう。そこでその「悟り」を実現する道程を明らかにすることが必要になる。これが「道」である。

さらにその「道」が真実であるとするなら、当然のことながら、その道程を経て、悟りを開いた衆生が存在しなければならない。これが「果」としての仏、『現観荘厳論』の術語では、法身ということになるのである。

前章では、「悟りとは何か？　悟りに至る道程にはどのような段階があるのか？　悟りを開いた仏とは何か？　いくら一切法が空・無自性であるといっても、このような問題に、いちおう整合的な説明が与えられなくては、大乗仏教は何を目的とし、どのように衆生を救済するのかという問題にまで疑問が生じてくる。すなわち、大乗仏教の存在意義が問われることにもなりかねない」と記した。

『現観荘厳論』は、『般若経』、つまり一切法が空・無自性であるということを、徹頭徹尾主張する大乗仏教の根本聖典に基づきながら、大乗仏教の教理を整合的に構築しようと試みた。そしてこの方向を継承したチベット仏教では、『般若経』のみならず、他の大乗仏教聖典や、ナーガールジュナ、マイトレーヤなどのインド仏教の巨匠が著した著作によりながら、大乗仏教全体の教理の体系化を図《はか》ったといえるのである。

第3章 般若学の歴史

これまでの二章では、チベット仏教における『現観荘厳論《げんかんしょうごんろん》』と般若学の重要性と、その概要を紹介してきた。本章では、『現観荘厳論』が、どのようにしてインド・チベットに伝えられたのか、その歴史を、見ることにしよう。

◆無著《むじゃく》・世親《せしん》兄弟の誕生

『現観荘厳論』は、兜率天《とそつてん》に住する弥勒菩薩《みろくぼさつ》が、大乗仏教の根本聖典『般若経』の要旨《ようし》を明らかにするために説いたものとされている。そしてこの論書が人間界に伝えられた経緯については、チベットに有名な物語が伝えられている。なおこの話は、チベットで広く人口に膾炙《かいしゃ》したため、テキストにより種々のヴァージョンがあるが、ここでは、そのうち成立が比較的早いプトゥンの『仏教史』などによって、その概要を見ることにしよう。

仏教が三度に亘《わた》って弾圧を受けた時、セルウェー・ツルティム gSal ba'i tshul khrims というバラモンの女性が、教法の根源であるアビダルマをよく解説する者がいないのを嘆き、クシャトリアの男との間に無著（アサンガ）、バラモンの男との間に世親（ヴァスバンドゥ）という男子を設け、兄弟の学業の成就《じょうじゅ》を祈って祈祷《きとう》を行った。

子供達は成人すると、インドの社会慣行にしたがって、継ぐべき父親の家業を母親に尋ねたが、母は、お前達を産んだのは教法《きょうほう》のためであるといって、出家をすすめた。そこで弟の世親はカシミールに行き、有名な学者サンガバドラに就いてアビダルマを学んだ。いっぽう兄の無著は、弥勒菩薩の霊場として有名な鶏足山《けいそくせん》（クックタパーダ）に行き、洞窟に籠《こ》もって弥勒から直接教えを受けようとした。

◆無著と弥勒菩薩

無著は三年の間、鶏足山の洞窟に籠もって修行を続けたが、弥勒は姿を現さなかった。そこで失望して洞窟から出てくると、老人が太い鉄の棒を綿で擦《す》り、針を作ろうとしていた。無著が「そんなことで、どうして針を作れるのか？」と尋ねると、老人は「忍耐のある人間が、何かを成し遂げようとする意志をもっていれば、どのように困難な事業でも、決して失敗することはない。

もし忍耐を失わないなら、掌《てのひら》で山を断つこともできるだろう」と答えた。

それを聞いた無著は洞窟に戻って、さらに六年間修行を続けたが、弥勒は現れなかった。そこでまた洞窟から出てみると、大きな岩が、水滴や、その上で羽ばたく鳥の羽によって、少しずつ浸食《しんしょく》されてゆくのを見た。

そこで洞窟に戻り、さらに十二年修行を続けたが、何の兆《きざ》しも現れなかった。そこでついに諦めて洞窟を立ち去ろうとすると、下半身を虫に喰われた犬が、上半身で吠え声を上げていた。それを哀れに思った無著は、自らの肉を切り取り、その肉で犬の下半身から虫を取りのけようとした。すると目の前に、光明に包まれた弥勒菩薩が立っていた。そこで無著が弥勒に「今まで長きに亘《わた》って修行を続けてきたのに、あまりにも慈悲が少ない」と訴えると、「自分ははじめからここに居たが、お前の罪障《ざいしょう》のために見ることができなかったのだ。今お前は大悲《だいひ》の心を興《おこ》したので、罪障が除かれ、見ることができるようになったのだ」といわれた。

そこで無著は、弥勒の衣につかまって兜率天に昇り、天界の時間では一瞬間であるが、人間界では五〇年ばかりの間、兜率天に留まり、弥勒から大乗の教えを受けた。

その後、人間界に戻った無著が弥勒から受けた教えを記録したのが、『現観荘厳論』『大乗荘厳経論《だいじょうしょうごんきょうろん》』『宝性論《ほうしょうろん》』『法法性分別論《ほうほっしょうふんべつろん》』『中辺分別論《ちゅうへんふんべつろん》』の五部の論書であり、これらをチベットでは「弥勒の五法」（チャムチュー・デガ）と呼んでいる。

◆伝承の意味

無著が艱難辛苦《かんなんしんく》の末、『現観荘厳論』をはじめとする「弥勒の五法」を感得《かんとく》した物語は、チベットでは大変有名で、多くの書物に紹介されている。

またこの物語は、最近チベットで発見され、現存最古のチベット仏教史書の一つとして注目される『学者デウの仏教史』（ケーパデウ・チュージュン）にも見いだされるので、その原型は遅くとも一二世紀にまで遡り、おそらくはインドに起源を有するものと思われる。

現在でもチベットでは、勉強中の沙弥《しゃみ》（小僧）が学問や修行の厳しさに泣き言を並べると、「お前たちの苦労などは、無著様のご苦労に比べれば何ほどのことでもない」と叱責《しっせき》される。またこの物語は、大乗仏教の修行は、一切衆生を救済するという大慈悲の心がなければ、どのように努力しても決して成就しないという例としても、しばしば用いられる。

またチベット仏教の般若学で、『現観荘厳論』には説かれていない教理上の問題点について、他の唯識《ゆいしき》系論書、その中でもとくに『大乗荘厳経論』『宝性論』などの「弥勒の五法」がしばしば援用されるのも、これらが無著によって、ともに人間界にもたらされたとする右の伝承によっているのである。

◆世親の廻小向大《えしょうこうだい》

いっぽう小乗のアビダルマの権威者となった弟の世親は、兜率天から帰った兄が大乗の教えを弘《ひろ》めているという話を聞き、「哀しいかな無著は、十二年間も修行をして何の得るところもなく、象でなければ運搬できないような難解で厄介な教理を作り上げてしまった」と批判した。

そこで無著は、弟子に『十地経《じゅうじきょう》』『無盡意菩薩請問経《むじんにぼさつしょうもんきょう》』という二篇の大乗経典をもって、弟のところに行くように命じた。これらの大乗経典を読誦《どくじゅ》した世親は、自らの誤りに気づき、大乗を誹謗《ひぼう》した自らの舌を抜こうとしたが、兄に諫《いさ》められ、これ以後は大乗に転向し、『般若経』や『十地経』『無盡意菩薩請問経』など、多くの大乗仏典や論書に注釈を著すことになった。

◆般若学の継承

このようにチベット仏教では、『現観荘厳論』と般若学は、弥勒から無著に伝えられ、それから世親をはじめとする唯識の学匠に伝承されたと考えている。インドの般若学を大成したハリバドラの『現観荘厳光明《こうみょう》』と『現観荘厳論小註《しょうちゅう》』の序によれば、無著と世親は、それぞれ『現観

聖解脱軍（ヴィムクティセーナ）

荘厳論』に注釈を著したとされるが、これらは現在、サンスクリット原典・チベット訳ともに伝存しない。

いっぽう世親の弟子とされる陳那《じんな》（ディグナーガ）には、『般若波羅蜜多円集要義論《はんにゃはらみたえんじゅうようぎろん》』という『般若経』の概説があり、サンスクリット原典・チベット訳・漢訳ともに現存している。しかし『八千頌《じゅ》般若経』の内容をまとめた『般若波羅蜜多円集要義論』と『二万五千頌般若経』に基づく『現観荘厳論』には相違点が多く、もし『現観荘厳論本頌』が、チベットの伝承どおり、弥勒から無著に伝えられたものなら、世親の弟子である陳那が、それを無視することは考えにくい。

また無著・世親にはじまる唯識思想を中国に伝えた玄奘三蔵《げんじょうさんぞう》は、『大般若波羅蜜多経』六百巻の完訳という偉業を成し遂げたにもかかわらず、『現観荘厳論』については何も語っていない。

これから本書で見るように、『現観荘厳論』「七十義」の中には、現行のネパール・チベット系の『二万五千頌般若経』には対応する経文があるが、『二万五千頌』に相当する玄奘訳『大般若波羅蜜多経』「第二分」には欠けているというケースが多数見られる。つまり玄奘が『大般若波羅蜜多経』を翻訳した七世紀前半には、『現観荘厳論』に基づく『二万五千頌般若経』の解釈学は、まだ存在していなかったか、少なくとも一般的ではなかったことが分かる。

ハリバドラ

　これに対して、『現観荘厳論』の体系に基づく『般若経』の注釈書としては、解脱《げだつ》軍《ぐん》（ヴィムクティセーナ）の『二万五千頌般若経註』（ヴリッティ）が最古とされている。

近年ネパールからサンスクリット原典が発見され、ペンサによってⅠ一切相智《いっさいそうち》の部分の校訂テキストが出版された。なお同書は、チベットの般若学では『二万光明《こうみょう》』（ニティナンワ）と通称されている。

ところが『チベット大蔵経』には、同名のヴィムクティセーナによる別の『二万五千頌般若経註』（ヴァールッティカ）が収録され、ハリバドラも、この両者を別人の作としている。そこでチベットでは、前者を「聖《しょう》解脱軍」、後者を「尊者《そんじゃ》解脱軍」と呼んで区別している。またある説では、尊者解脱軍は聖解脱軍の弟子であるともいうが、インドでは、弟子は師匠の名前を冒《おか》してはならないという伝統があったので、二人のヴィムクティセーナの間に、直接の師弟関係を想定するのには無理がある。

またチベットの仏教史書では、聖解脱軍は世親の四大弟子の一人とされるが、近年の研究では、四〜五世紀の世親からははるかに遅れた七〜八世紀の人物とする説が有力である。

このように現代の学界では、『現観荘厳論』と般若学は、インドにおける唯識派の伝統を承けつつ、実際には七〜八世紀頃に成立したと見るのが一般的になっている。

◆まとめ

このように本章では、『現観荘厳論』をはじめとする「弥勒の五法」が、どのように人間界にもたらされたかという伝承を中心に、『現観荘厳論』の成立問題について、簡単に紹介した。

仏教の故国インドの大乗仏教は、基本的には龍樹《りゅうじゅ》（ナーガールジュナ）の中観《ちゅうがん》派と、無著・世親にはじまる唯識派の二つの思想を中心に展開してきた。

しかしインドの仏教を忠実に継承したはずのチベット仏教では、第三転法輪《てんぽうりん》である唯識派より、第二転法輪である中観派を優位に置く見解が広く行われてきた。そのような状況の中で、チベットでは、唯識系の論書が独立したジャンルというより、むしろ般若学の一環として研究されてきた。

それはある意味において、チベットにおけるインド仏教研究の偏《かたよ》りを是正《ぜせい》するものであったが、それと同時に、唯識の影響を受けながらも、一切法皆空《いっさいほうかい》を主張し、四姓各別説《ししょうかくべつ》を否定する『現観荘厳論』を中心に、唯識系論書の教理を再構成する意図をもっていたともいえるのである。

第4章 チベットへの伝《でん》播《ぱ》と発展

前章では、『現観荘厳論《げんかんしょうごんろん》』に基づく『般若経』の解釈学が、インドでどのように生まれたのかを概観した。本章では、これに引き続き、「般若学」が、どのようにチベットに伝播し、発展していったのかを見ることにしたい。

◆チベットにおける般若学の学統

チベットでは、『現観荘厳論』に基づく『般若経』の解釈学が、「般若学」（シェルチン）あるいは「波羅蜜《はらみつ》学」（パルチン）と呼ばれてきた。

チベットにおける般若学の学統については、ツルティム・ケサン氏の概説がある。しかしツルティム氏は、ゲルク派の僧院で学んだ学僧であったため、チョナン派・カルマ派・ニンマ派など、非主流派の般若学については、手薄な観が否めない。しかし最近では、チョナン派のドルポパ（一二九二～一三六一）、ニャウン・クンガペル（一二八五～一三七九）、カルマ派のミキュードルジェ（一五〇七～一五五四）、クンチョクイェンラク（一五二五～一五八三）らの『現観荘厳論註《ちゅう》』が刊行され、非主流派の般若学についても、その概要が明らかになりつつある。

チベット大蔵経《だいぞうきょう》の経録『デンカルマ目録』『パンタンマ目録』によって、チベットの般若学の根本テキストとなるハリバドラの『現観荘厳光明《こうみょう》』が、吐蕃《とばん》時代にチベット訳されていたことが確認できる。

しかし『現観荘厳論』が本格的に研究されるようになるのは、吐蕃解体以後の仏教復興期にまで下がる。チベット仏教教学研究のセンター、サンプ・ネウトク学院を創設したゴク・ロデンシェーラプ（一〇五九～一一〇九）は、無著《むじゃく》が弥勒《みろく》から相承《そうじょう》したとされる「弥勒の五法」、すなわち『大《だい》乗荘厳経論《じょうしょうごんきょうろん》』『中辺分別論《ちゅうへんふんべつろん》』『法法性分別論《ほうほっしょうふんべつろん》』『宝性論《ほうしょうろん》』『現観荘厳論』を重視した。彼はチベット人としてはじめて、『現観荘厳論』に大小二種の註釈を著したといわれるが、そのうちの『要《よう》義《ぎ》』が一九九三年に復刻され、参照できるようになった。そしてサンプ・ネウトクで学んだ学僧を中心に、『現観荘厳論』の研究はチベット全土に広まっていった。

これらの中でもヤクトゥン・サンギェーペル（一三四八／五〇～一四一四）の『現観荘厳論註』は古典的名著とされ、その学統はサキャ派の学問寺ナレンドラを創建したロントゥン（一三六七～一

ヤクトゥン・サンギェーペル

四四九）に継承された。ロントゥンは臨終の床にあっても、その幻影を見るほど、ヤクトゥンに傾倒《けいとう》しており、その学系はシャーキャチョクデン（一四二八～一五〇七）、コラムパ（一四二九～一四八九）と、サキャ派の諸師に受け継がれた。

いっぽうヤクトゥンと並び称されたのがニャウン・クンガペルである。修学中のツォンカパは一三七六年、ニャウンが晩年止住《しじゅう》していたツェチェンを訪ねて『現観荘厳論』の講義を聴講し、その博識ぶりに驚き、さらに学びたいと申し出たところ、弟子のレンダワ（一三四九～一四一二）を紹介され、生涯で最も重要な師とした。

ところがニャウンは、如来蔵《にょらいぞう》思想を重視するチョナン派の祖ドルポパに傾倒し、他空常堅《たくうじょうけん》説を取ったため、ヤクトゥンとの間に「自空他空《じくうたくう》の論争」が起こった。さらに弟子のレンダワも自空説を支持したため、師弟の関係は悪化した。ただし根本裕史氏によれば、『現観荘厳論』に関する限り、ドルポパがニャウンに与えた影響は限定的で、むしろプトゥン（一二九〇～一三六四）の強い影響が見られるとのことである。

ギェルツァプ・タルマリンチェン

その後、レンダワの高弟ギェルツァプ・タルマリンチェン（一三六四～一四三二）、ケートゥプ・ゲレクペルサン（一三八五～一四三八）らは、ツォンカパと行動を共にし、ゲルク派の主流を形成するようになった。

現在のゲルク派では、ツォンカパの『レクシェー・セルテン』より、タルマリンチェンの『ナムシェー・ニンポギェン』を重視する傾向がある。これは『レクシェー・セルテン』が立教開宗《りっきょうかいしゅう》以前の作であり、ツォンカパの円熟期の思想を反映していないとされるためである。

なお東洋文庫には、上部の楼閣《ろうかく》中にツォンカパ・文殊菩薩《もんじゅぼさつ》・セラ寺チェーパ学堂の学祖ジェプツン・チューキギェンツェン（一四六九〜一五四四）の三尊を描き、下部に『現観荘厳論』「七十義」の第一「発心《ほっしん》」に関する議論を記したタンカが所蔵されている（本書巻頭頁参照）。セラ寺チェーパ学堂で学んだ多田等観の請来《しょうらい》と推定され、かつてチベットの僧院で学ばれた般若学の実体を物語る貴重な資料といえる。

◆チベットにおける般若学の位置づけ

本書第1章で見たように、現在のチベット仏教の主流をなすゲルク派では、前述の四種のテキストに『プラマーナ・ヴァールッティカ』（量評釈《りょうひょうしゃく》）を加えた五つの難典《なんてん》が、僧院の主要なカリキュラムとなっている。そしてこの五つの難典を、註釈とともにマスターした者は、「カチュパ」（十の難典に精通した者）と呼ばれた。

さらにゲルク派の根本教法「ラムリム」は、甚深観《じんじんかん》（サプモタワ）と広大行《こうだいぎょう》（ギャチェンチュー）

の二系統によって相承された。このうち甚深観は中観系《ちゅうがん》、広大行は唯識系《ゆいしき》といわれるが、広大行の相承《そうじょう》系譜は、弥勒・無著・世親《せしん》・聖解脱軍《しょうげだつぐん》・尊者《そんじゃ》解脱軍・ハリバドラと次第しており、明らかに『現観荘厳論』の相承を反映している。

このように現在、チベット仏教の主流をなすゲルク派では「弥勒の五法」の中でも『現観荘厳論』が重視され、他の唯識・如来蔵系論書は『現観荘厳論』研究の中に組み込まれているといっても過言ではない。

袴谷憲昭教授によれば、唯識系論書の『大乗荘厳経論』『中辺分別論』『法法性分別論』と如来蔵系の『宝性論』、『般若経』の解釈学である『現観荘厳論』という五篇のテキストを一つにまとめた「弥勒の五法」は、インド古来の伝統ではなく一一世紀にカシミールで成立したものとされる。しかしこの中で『現観荘厳論』のみが、チベット仏教僧院のカリキュラムとして存続したのには、つぎのような理由が考えられる。

インド大乗仏教では中観・唯識の両学系が、パーラ王朝の後期に至るまで併存《へいぞん》していた。そして『解深密経《げじんみっきょう》』では、小乗の教えは第一転法輪《てんぼうりん》、『般若経』つまり中観は第二転法輪、『解深密経』すなわち唯識は第三転法輪と位置づけられた。『解深密経』は、第一・第二転法輪は未了義《みりょうぎ》、第三転法輪が了義と説いたが、チベットでは、大多数の宗派が中観こそ大乗仏教の根本思想であるとし、第二転法輪を了義、第一と第三転法輪は未了義とする。これに対してチョナン派は、『涅《ね》槃経《はんぎょう》』『勝鬘経《しょうまんぎょう》』等の如来蔵経典を第四転法輪とし、これを了義とするが、ゲルク派では如来蔵経典も第三転法輪の一種とする。これによって第二転法輪つまり中観の唯識に対する優位を主張したのである。

したがって「弥勒の五法」のうち、他の四篇は第三転法輪であるから未了義と判ぜられるが、『現観荘厳論』のみは、第二転法輪である『般若経』の解釈学であるから了義ということになる。そこでチベット仏教では、『中論』が『般若経』の顕了《けんりょう》の義《ぎ》を解釈するのに対し、『現観荘厳論』は『般若経』の隠密義《おんみつぎ》の解明であるとし、『中論』と『現観荘厳論』の両者があいまって、第二転法輪を構成すると考えたのである。

現在のゲルク派の僧院において、「弥勒の五法」のうち『現観荘厳論』のみが独立のカリキュラムとして存続しているのは、このような理由によると考えられる。

◆大中小の『般若経』

それではチベットの般若学の特徴を、いくつかのキーワードを中心に見ることにしよう。

本書で詳しく見るように、『般若経』には種々のテキストがあるが、チベットでは『十万頌《じゅ》』『二万五千頌』『八千頌』の三種を重視し、これを大中小の『般若経』という。

すでに述べたように、『現観荘厳論』は基本的に『二万五千頌般若経』に基づいている。『十万頌般若経』は『二万五千頌』を機械的に増広した部分が多く、『現観荘厳論』の解釈を『十万頌』に当てはめることは可能だが、『八千頌』と『二万五千頌』には相違点が多く、『現観荘厳論』の体系を『八千頌』に当てはめることには無理がある。しかしチベットでは、『八千頌』を『現観荘厳論』の体系で解釈したハリバドラの『現観荘厳光明』によって、大中小の『般若経』は思想的に完全に一致していると考えるのである。

◆分際《ぶんざい》（サツァム）

チベットの般若学では、「七十義」やさらにその下の分科《ぶんか》に、菩薩の修道階梯《しゅどうかいてい》の段階が配当される。これを分際（サツァム）という。次章では、「七十義」の第一「発心《ほっしん》」を構成する二二のトピックが、菩薩の修道階梯のどの段階に対応するのかを示した表を添付したが、このような分際に関する議論は、チベットの般若学の至る所で見ることができる。

なお『般若経』所説の修道階梯は、乾慧地《けんねじ》以下の共《ぐう》の十地《じゅうじ》で、『華厳経《けごんぎょう》』所説の歓喜地《かんぎじ》以下の但菩薩地《たんぼさつじ》とは異なっている。なお『十万頌般若経』には、しばしば共の十地とともに但菩薩地も説かれるが、これは明らかに後世の増広である。これに対して般若学では『華厳経』所説の但菩薩地が用いられる。これは、『現観荘厳論』で十地を説いたとされる『二万五千頌般若経』、漢訳では羅什《らじゅう》訳『大品《だいぼん》般若経』「発趣品《ほっしゅほん》」の経文（本書第8章参照）が、単に「初地」「二地」とのみ述べて乾慧地等の名を挙げていなかったので、これを『華厳経』の但菩薩地に読み替えたためである。この操作によって、但菩薩地を用いる他の唯識系論書との会通《えつう》が容易になったのである。

◆心相続《しんそうぞく》（ギュー）と相続後際《そうぞくごさい》（ギュンタ）

チベットの般若学では、修行者が発心してから修行を完成させ、法身《ほっしん》を現証《げんしょう》する、つまり悟りを開くまでの修道階梯が重視される。ところが仏教では、諸行無常《しょぎょうむじょう》・諸法無我《しょほうむが》といい、すべての存在は刻々と変化するもので、恒久不変《こうきゅうふへん》な自我というものは存在しないと説く。我々が自我と考えて執着しているものは、色受想行識《しきじゅそうぎょうしき》の五蘊《ごうん》の集合体に過ぎないというが仏教の基本的立場である。しかしそれでは、修行によって福徳《ふくとく》・智慧《ちえ》の二資糧《にしりょう》を積み、悟りを開く衆生《しゅじょう》の実体は何なのかという問題が起きてくる。般若学では、それを心相続であると考える。心相続とは、五蘊の中の識が一瞬間前の識を対象化し認識することにより、刹那滅《せつなめつ》の識があたかも連続しているように捉《とら》えられることをいう。心相続は、衆生の死によっては終わらず、輪廻転生《りんねてんしょう》を繰り返しながら、悟りを開く直前まで存続する。そこで悟りを開く直前に、煩悩《ぼんのう》・所知《しょち》の二障《にしょう》を完全に断じる瞬間を相続後際《そうぞくごさい》（ギュンタ）という。『現観荘厳論』八章のⅦ一刹那現等覚《いっせつなげんとうがく》は、まさにその瞬間を主題としているから、それを構成する四義は、前述の分際では「相続後際のみにある」とされている。

◆まとめ

『現観荘厳論』は、『般若経』、つまり一切法が空《くう》・無自性《むじしょう》であるということを、徹頭徹尾《てっとうてつび》主張する大乗仏教の根本聖典に基づきながら、大乗仏教の教理体系を整合的に構築しようと試みた。そしてこの方向を継承したチベット仏教では、『般若経』のみならず、他の大乗仏教聖典や、ナーガールジュナ、マイトレーヤなどのインド仏教の巨匠が著した著作によりながら、大乗仏教全体の教理の体系化を図《はか》ったといえるのである。

ところが、荻原雲来以来の『現観荘厳論』研究史を誇る我が国では、それに基づくチベットの般若学研究は、等閑視《とうかんし》されてきた。

これは日本の仏教研究全般に当てはまることだが、日本人は、自らの仏教に直接関係する分野のみを重視し、他の分野は無視してしまうという傾向がある。しかしチベットの般若学は、大乗

セラ寺（ラサ）で論議の稽古をするチベット僧（著者撮影）

夏安居《げあんご》の時期は学僧にとって大事な昇級試験前、稽古にも自然と熱が入る。

仏教教理の整合的体系化を目指す試みであり、その内容は、同じ大乗の伝統を伝える日本仏教にとっても、看過《かんか》できない重要性をもっている。

今後は日本でも、『現観荘厳論』のテキストだけでなく、チベットの般若学についても研究が進展することを願ってやまない。

I 一切相智

第5章 一《いっ》切《さい》相《そう》智《ち》について

これまでの四つの章では、日本ではなじみの薄い『現観荘厳論』に基づくチベットの般若学を概観してきたが、本章からは、いよいよ『現観荘厳論』「八章七十義」の次第に従って、各章の内容を見ることにしたい。

本章では、まず『現観荘厳論』の最初のテーマとなるⅠ一切相智の構成を概観する。

◆『現観荘厳論』における一切相智の位置づけ

本書第2章で見たように、チベットの般若学では、『現観荘厳論』の八章が、

・Ⅰ一切相智／Ⅱ道種智《どうしゅち》／Ⅲ一切智《いっさいち》の三智《さんち》を明らかにした第一部
・Ⅳ一切相現等覚《いっさいそうげんとうがく》／Ⅴ頂現観《ちょうげんかん》／Ⅵ漸現観《ぜんげんかん》／Ⅶ一刹那現等覚《いっせつなげんとうがく》の四加行《しけぎょう》を説いた第二部

・Ⅷ法身《ほっしん》を説いた第三部

の三つにまとめられ、この三部が、「基礎《きそ》・道《どう》・果《か》」（シ・ラム・デー）という、チベット仏教の伝統的概念に基づいて解釈される。

そしてⅠ一切相智は、このうち第一部の第一番に相当し、その内容は、さらに、「⑴発心《ほっしん》、⑵教誡《きょうかい》、⑶順決択分《じゅんけっちゃくぶん》、⑷行の所依《ぎょうのしょえ》、⑸行の所縁《しょえん》、⑹行の所期《しょご》、⑺被鎧《ひがい》行、⑻発趣《ほっしゅ》行、⑼資糧《しりょう》行、⑽出離《しゅつり》行」の十法に分けられる。

これらの十法は『現観荘厳論本頌《ほんじゅ》』の第十八偈《げ》から第七十三偈までに説かれ、「七十義」では最初の1~10に相当する。このうち⑴発心と⑼資糧行はとくに重要なので、以後の各章で別途取り上げる予定だが、他の八法は、独立の章としては取り上げない。

そこで本章では、Ⅰ一切相智を構成する十法の中から、個別に取り上げる予定がない八法を中心に、一切相智の内容を概観することにした。⑴発心と⑼資糧行については、本書の第6章から

第8章までを見られたい。

◆『二万五千頌般若経』における一切相智

『二万五千頌般若経』において『現観荘厳論』のＩ一切相智に対応する部分は、ネパールに伝存するサンスクリット原典では、木村高尉氏の校訂テキストの第一分冊と第二分冊の全体を占めている。またチベット訳（中国蔵学研究中心編『丹珠爾《タンジュル》』所収本）では、第五〇巻の六〇から八二三頁までの七六三頁に相当する。これは三智を説く第一部全体の約三分の二を占めている。

いっぽう『二万五千頌般若経』に対応する玄奘《げんじょう》訳『大般《だいはん》若波羅蜜多経《にゃはらみたきょう》』「第二分」では「歓喜品《かんぎほん》」第二の冒頭から「遠《おん》

タルマリンチェンによる分科
1.bsam pa dam bca'
2.de'i don sgrub pa'i thabs ston pa gdams ṅag
3.dam bca'i don sgrub byed kyi sgrub pa
3-1.stoṅ ñid rtogs pa'i sgom byuṅ gi sgrub pa thog ma ṅos bzuṅ ba
3-2.sgrub spyi'i rnam gźag
3-2-1.sgrub pa'i rten
3-2-2.brten pa'i sgrub pa
3-2-2-1.sgrub pa'i dmigs pa
3-2-2-2.ched du bya pa
3-2-2-3.sgrub pa'i dbye ba
3-2-2-3-1.go cha'i sgrub pa
3-2-2-3-2.'jug pa'i bya ba'i sgrub pa
3-2-2-3-3.tshogs kyi sgrub pa
3-2-2-3-4.ṅes par 'byuṅ ba'i sgrub pa

離《り》品」第二十四の末尾までに対応する。しかし『現観荘厳論』所説の(1)発心〜(10)出離行の十法に対応する経文は、漢訳の章節の分かち方とは必ずしも一致しない。（下・表参照）

◆一切相智の十法

それでは今回取り上げる十法について、順を追って見ることにしよう。

まず(1)発心は、本書第6章で取り上げるので省略する。

(2)教誡は、たとえ菩薩が発心しても、仏から直接教誡を受け

表　『現観荘厳論』I 一切相智の十法

『現観荘厳論』七十義［1］-［10］	『二万五千頌般若経』		
	木村校訂梵本	チベット訳『丹珠爾』	玄奘訳
(1)発心sems bskyed	Vol.1 28-5〜53-8	Vol.50-60-2〜108-20	歓喜品
(2)教誡gdams ṅag	53-9〜150-27	109-1〜298-20	観照品〜 入離性品
(3)順決択分ṅes par 'byed pa	150-28〜192-30 Vol.2 1-1〜17-15	299-1〜424-2	勝軍品 行相品 幻喩品
(4)行の所依sgrub pa'i rten	17-16〜24-16	424-3〜438-5	譬喩品
(5)行の所縁sgrub pa'i dmigs pa	24-17〜28-1	438-6〜446-13	
(6)行の所期sgrub pa'i ched du bya ba	28-2〜33-26	446-14〜459-13	断諸見品
(7)被鎧行go cha'i sgrub pa	33-27〜39-26	459-14〜476-4	六到彼岸品
(8)発趣行'jug pa'i sgrub pa	39-27〜46-12	476-5〜490-12	乗大乗品
(9)資糧行tshogs kyi sgrub pa	46-13〜114-8	490-13〜631-6	無縛解品〜 出住品
(10)出離行ṅes 'byuṅ sgrub pa	114-9〜174-2	50-631-7〜823-6	超勝品〜 遠離品

なければ、一切相智を成就《じょうじゅ》することはできないので説かれた。

『二万五千頌般若経』に、

「舎利弗《しゃりほつ》、菩薩摩訶薩《ぼさつまかさつ》、般若波羅蜜を修行する時、応《まさ》に是《かく》の如く観ずべし。菩薩有るを見ず、菩薩の名を見ず、菩提《ぼだい》の有ることすら見ず、般若波羅蜜を見ず、般若波羅蜜の名を見ず、行を見ず、不行を見ず」

とあるのが、行の本性に関する教誡であるとされる。以下、教誡には①行、②四諦《したい》、③三宝《さんぼう》、④無執《むしゅう》、⑤無疲厭《むひおん》、⑥道の摂受《しょうじゅ》、⑦五眼《ごげん》、⑧六神通《ろくじんづう》、⑨見道《けんどう》、⑩修道《しゅどう》についての十種があるとされている。

つぎに発心し、教誡を受けると、(3)順決択分《じゅんけっちゃくぶん》(加行位《けぎょうい》ともいう)が生じるとされる。順決択分は、さらに煖《なん》・頂《ちょう》・忍《にん》・世第一《せだいいち》の四段階に分けられる。

タルマリンチェンによれば、(4)から(10)までは、行の一般的設定とされている。このうち(4)行の所依《しょえ》は、「種性《しゅしょう》」とも呼ばれる。『現観荘厳論』によれば、法界《ほっかい》は無差別《むしゃべつ》であるから、行の所依たる衆生にも差別はないが、依持《えじ》する法によって種性《しゅしょう》の差別があるといわれる。

『二万五千頌般若経』に、

「須菩提《しゅぼだい》、句義《くぎ》無きは是《こ》れ菩薩の句義なり。何を以《も》っての故に。菩提は不生《ふしょう》にして、有性《うしょう》無性《むしょう》あることなく、見ることとなし。須菩提、故に、句義無きは是れ菩薩の句義なり」
とあるのは、種性の本性を明かしたものとされている。
(5)行の所縁《しょえん》とは、行において観察される一切法を指し、①善、②不善、③無記《むき》、④世間《せけん》、⑤出世間《しゅっせけん》、⑥有漏《うろ》、⑦無漏《むろ》、⑧有為《うい》、⑨無為《むい》、⑩共《ぐう》、⑪不共《ふぐう》の十一種に分類される。
(6)行の所期《しょご》とは、行を修する目的であり、①心の大性《だいしょう》、②断《だん》の大性、③証《しょう》の大性の三つに分けられる。なおカルマ派のクンチョクイェンラクが(6)行の三つの所期を、戦争の目的が、①自らが無敵になること、②敵を打ち破ること、③敵の領土等を征服することに比しているのは、分かりやすい。
チベットの註釈家によれば、(7)以下は「行の差別」であり、修行の進展によって(7)〜(10)の順に進むとされている。このうち(7)被鎧行は、対応する『大般若波羅蜜多経』「第二分」の「六到彼《ろくとうひ》岸品《がんぽん》」に相当することからも分かるように、大乗仏教の修行の基本である六波羅蜜を説く。そして『二万五千頌般若経』に、

「菩薩摩訶薩、布施波羅蜜を行ずる時、一切相智相応《そうおう》の作意《さい》を以《もっ》て布施を修し、此《こ》の善根《ぜんごん》を以て、一切衆生同共《どうぐ》の無上菩提に廻向《えこう》す。これを菩薩摩訶薩、般若波羅蜜を行じつつ、布施を行ずる布施波羅蜜の鎧《よろい》なり」

とあることから「被鎧《ひがい》行」、つまり鎧を装着する修行と呼ばれる。

この六波羅蜜は、相互に包摂《ほうせつ》する関係にある。右に挙げた経文は、布施波羅蜜を説いたとされ、つぎの布施波羅蜜の戒波羅蜜以下、全体で6×6の三十六となるが、その主題は六波羅蜜であるから、被鎧行は六種であるとされる。

(7)被鎧行を修した菩薩は、大乗の道に入る(8)発趣《ほっしゅ》行に進む。(8)発趣行には①四禅《しぜん》と無色定《むしきじょう》、②施等の六波羅蜜、③道、④四無量《しむりょう》、⑤無所得瑜伽《むしょとくゆが》、⑥三輪清浄《さんりんしょうじょう》、⑦説示《せつじ》、⑧六神通、⑨一切相智性《しょう》の九種がある。

つぎの(9)資糧行は、Ⅰ一切相智を構成する十法の中で、最も多くのトピックを含んでおり、そのすべてを限られた紙数で論じることはできない。(9)資糧行については、本書第7章と第8章で、別途紹介することにしたい。

(9)において資糧を積んだ菩薩は、いよいよ世俗を離れ、悟りの世界に入る(10)出離《しゅつり》行に進むことになる。(10)出離行には、①説示、②平等性、③衆生利益《りやく》、④無功用《むくゆう》、⑤常断二辺《じょうだんにへん》からの出離、⑥三乗の義の所得を相とする出離、⑦一切相智性における出離、⑧道を行境《ぎょうきょう》とする出離の八種がある。

◆十法の次第

これらの十法が、どうしてこの順序で説かれたかについて、タルマリンチェンの『ナムシェー・ニンポギェン』は、つぎのように述べている。

「必要があったため、(4)行の所依は中程に説かれたが、発生の順序に基づけば、まず(4)種性が覚醒することにより、(1)無上菩提に発心し、(2)修行の教誡を聴聞する。(3)教誡の意味を実践することにより、空性を所縁とする修所成の行が心相続に生じる。それを(5)十一の所縁に観察し、(6)三大所期のために（修）する。修行の次第は(7)〜(10)四行の順序で実践し、十法を現前に証得する一切相智を得るのである」

いっぽう、(7)〜(10)の四行が、菩薩の修行のどの段階に相当するかについては、諸説あるが、一般的には、(7)被鎧行が大乗の資糧道から悟りを開く直前の最後有《さいごう》まで、(8)発趣行が大乗の加行道の煖《なん》位から最後有まで、(9)資糧行が大乗の加行道の世第一から最後有まで、(10)出離行が、清浄なる三地《さんじ》、すなわち菩薩の十地のうち第八不動地《ふどうじ》、第九善慧地《ぜんねじ》、第十法雲地《ほううんじ》のみであるとされている。

◆まとめ

『現観荘厳論』のⅠ一切相智は、仏の智慧とは何かという、仏教にとって最も根本的な問題を扱っている。したがって『現観荘厳論』の第一部の主題となる三智の中で最も重要であるといえるが、仏教では、仏の智慧は凡夫《ぼんぶ》の理解を超えており、言語では表現できないとされてきた。

『現観荘厳論』は、これを一切相智を成就するために必要な十法にまとめて説示する。タルマリンチェンは、これを「因によって果を示す」と名づけるが、これはちょうど華厳《けごん》思想において、「因分可説《いんぶんかせつ》　果分不可説《かぶんふかせつ》」、つまり仏の悟り自体は言語で表現できないが、それに到る道程は説くことができるというのに通じるものがある。

なお次章以後は、Ⅰ一切相智を明らかにした第一部から、⑴発心と⑼資糧行について個別に解説する。

第6章 発《ほっ》心《しん》について

前章では『現観荘厳論』のＩ一切相智《いっさいそうち》の内容を概観したが、本章では、一切相智を構成する十法の中から(1)発心を取り上げる。

発心とは、読んで字の如く、菩提《ぼだい》に向けて心を発《おこ》すことだが、『現観荘厳論』の「八章七十義」の体系においては、Ｉ一切相智の最初に説かれ、「七十義」の第一とされる重要なトピックである。

いかなる衆生《しゅじょう》も、菩提に向けて発心しなければ、成仏することはできない。仏教の修道論《しゅどうろん》に基づいて大乗仏教の教理を体系化した『現観荘厳論』が、発心をその第一のテーマとしたのは、まさにそのためと思われる。

◆『二万五千頌《じゅ》般若経』における発心

いっぽう『二万五千頌般若経』では、第一章に「発心」が説かれている。なお『現観荘厳論』

の最初のトピックでありながら、『二万五千頌般若経』で第二章に説かれるのは、『二万五千頌般若経』では、仏が『般若経』を説くに至る因縁を物語る「因縁《いんねん》」（ニダーナ）——本書カバー写真解説参照——が冒頭に置かれるからであり、「発心」が実質的に両者の最初のトピックであることに変わりはない。

なお『二万五千頌般若経』の漢訳である玄奘訳『大般若波羅蜜多経』「第二分」では、「歓喜《かんぎ》品《ほん》」第二が「発心」に相当するが、チベット訳やネパールで発見されたサンスクリット原典と比較すると、その内容には、かなりの出入が認められる。

つまりサンスクリット原典やチベット訳にある一節が、漢訳には欠けていたり、サンスクリット原典やチベット訳にはない一節が挿入されているため、漢訳の『大般若波羅蜜多経』を、『現観荘厳論』の体系によって分科したり解釈することは、困難である。

これは、玄奘がインドに留学した七世紀前半には、『現観荘厳論』に基づく般若学は、まだ存在していなかったか、少なくとも一般的ではなかったことを暗示するものといえる。

◆発心の定義

第三章で紹介した、無著《むじゃく》が艱難辛苦《かんなんしんく》の末、『現観荘厳論』をはじめとする「弥勒《みろく》の五法」を感得した物語でも明らかなように、大乗仏教の修行は、一切衆生を救済せんとする大慈悲の心がなければ成就《じょうじゅ》しないとされている。

そして『現観荘厳論』では、その第十八偈に「発心とは、利他のために、正等覚《しょうとうがく》を欲することである」と明確に示されている。

いっぽう『二万五千頌般若経』では、

「爾《そ》の時世尊《せそん》、舎利弗に告げて言《のたま》はく。若《も》し菩薩摩訶薩《ぼさつまかさつ》、一切法に於《おい》て一切相を等覚《とうがく》せんと欲せば、當《まさ》に般若波羅蜜を学すべしと」

という第二章冒頭の経文が、発心を要約したものとされ、さらにその後に出る、

「復《ま》た次に舎利弗《しゃりほつ》、若し菩薩摩訶薩、十方各《じっぽうおのおの》の恒河沙《ごうがしゃ》に等しき世界に住する一切衆生を無《む》余涅槃界《よねはんかい》に入らしめんと欲せば、応《まさ》に般若波羅蜜を学すべし」

が、利他《りた》を縁とする発心を要約したものとされているのである。

◆二十二種の発心について

この後『現観荘厳論』は、『二万五千頌般若経』の経文を二二段に分科《ぶんか》し、その一々を二十二種の発心に配当している。なお二十二種の発心は、『現観荘厳論』とともに「弥勒の五法」に含

まれる『大乗荘厳経論《だいじょうしょうごんきょうろん》』に説かれるものと同一である。

これらは①地、②黄金、③月などに喩《たと》えられ、①楽欲《ぎょうよく》、②意楽《いぎょう》、③増上《ぞうじょう》意楽等を伴うとされている。つまり、

「復た次に舎利弗、若し菩薩摩訶薩、一切法に於て一切相を等覚せんと欲せば、応《まさ》に般若波羅蜜に安住すべし」

という経文（漢訳に欠）に相当する①は、一切の善法の拠《よ》り所《どころ》となるから大地の如き発心であり、つぎの、

「舎利弗、菩薩摩訶薩、無住《むじゅう》を以て方便《ほうべん》と為《な》して般若波羅蜜に安住し、無捨《むしゃ》を以て方便と為して布施波羅蜜を円満すべし。施者、受者及び施さるゝ物、不可得《ふかとく》の故に」

という経文に対応する②は、悟りを開くに至るまで衆生済度の意志が不変であるから、黄金の如き発心と呼ばれる。さらに、

「舎利弗、諸の菩薩摩訶薩、般若波羅蜜に安住して、四念処《しねんじょ》を円満すべし。四正断《ししょうだん》を円満すべし。四神足《しじんそく》、五根《ごこん》、五力《ごりき》、七覚支《しちかくし》、八聖道《はっしょうどう》を円満すべし」

は、三十七菩提分法《ぼだいぶんぽう》などの善法が損《そこ》なわれず増長するばかりなので、③増上意楽を伴う新月の如き発心に対応するとされている。

表　二十二種の発心

二十二の発心	伴うもの	『丹珠爾』	修道階梯	
①地bhū	楽欲chanda	Vol.50- 60-2～61-20	mṛdu	資糧道（初業地）
②黄金hema	意楽āśaya	62-1～62-9	madhya	
③月candra	増上意楽adhyāśaya	62-10～64-20	adhimātra	
④火jvalana	加行prayoga	65-1～65-19	加行道	
⑤伏蔵nidhi	布施波羅蜜dāna	65-20～66-6	初地	
⑥宝蔵ratnākara	持戒波羅蜜śīla	66-7～66-12	第二地	
⑦海arṇava	忍辱波羅蜜kṣānti	66-13～66-17	第三地	
⑧金剛vajra	精進波羅蜜vīrya	66-18～67-4	第四地	
⑨山acala	禅定波羅蜜dhyāna	67-5～67-10	第五地	
⑩薬auṣadhi	般若波羅蜜prajñā	67-11～67-16	第六地	
⑪友mitra	方便波羅蜜upāya	67-17～69-1	第七地	
⑫如意珠cintāmaṇi	願波羅蜜praṇidhāna	69-2～70-3	第八地	
⑬日arka	力波羅蜜bala	70-4～71-5	第九地	
⑭歌詠gīti	智波羅蜜jñānapāramitā	71-6～75-12	第十地	
⑮王nṛpa	神通abhijñā	75-13～77-10	勝進道 viśeṣamārga	
⑯庫gañja	福智puṇyajñāna	77-11～79-2		
⑰大道mahāmārga	菩提分法bodhipakṣyadharma	79-3～79-13		
⑱乗yāna	悲karuṇāと観vidarśana	79-14～82-14		
⑲泉水prasravaṇodaka	陀羅尼dhāraṇīと 弁説pratibhāna	82-15～85-21		
⑳喜声ānandokti	法会dharmoddāna	86-1～90-2	prayoga	仏地 buddha bhūmi
㉑河nadī	一乗道ekāyanamārga	90-3～100-2	maula	
㉒雲megha	法身dharmakāya	100-3～108-20	pṛṣṭha	

そして、これら二十二種の発心は、それぞれ衆生が発心してから、究極の仏果を証するまでの修道階梯に対応するとされている。

つまり①から③までは、発心の後、福徳《ふくとく》と智慧《ちえ》を積む資糧道《しりょうどう》、④は菩薩の十地《じゅうじ》に入る前段階の加行道《けぎょうどう》、⑤から⑭は菩薩の十地、⑮から⑲は悟りを完成させる勝進道《しょうしんどう》、⑳から㉒までは、究極の仏地《ぶつじ》に配当されている。

二十二種の発心の一々が、『二万五千頌般若経』のどの経文に相当し、何に喩えられ、どのような教理概念を伴い、菩薩の修道階梯《しゅどうかいてい》のどこに対応するかは、一々説明すると煩《わずら》わしいので、別掲の表（前頁）を参照されたい。なお二十二種発心の譬喩《ひゆ》と伴う教理概念については、前述の『大乗荘厳経論』にも、ほぼ同様の説明が見られるが、相違点については『現観荘厳論』に従って作表した。また『二万五千頌般若経』の対応箇所は、中国蔵学研究中心編『丹珠爾《タンジュル》』第五〇巻所収テキストの頁と行によっている。

◆二十二種発心の意味

このように『現観荘厳論』では、『二万五千頌般若経』第二章の経文を分科し、これを二十二種の発心に配当する。菩薩の発心を要約すれば、一切衆生を無余涅槃に至らしめんと、無上菩提に心を発《おこ》すことであるが、その所化《しょけ》には、全くの凡夫から高位の菩薩まで、種々の段階の衆生が含まれる。そこで様々な衆生の器質と修道段階に応じて、菩薩は、種々の手立てを講じて、彼らを究極の仏果に導かなければならない。これが衆生の修道階梯に応じて、二十二種の発心が立てられた理由と考えられる。

このように発心は、『現観荘厳論』の「七十義」の第一であるだけでなく、その中には、『現観荘厳論』全編を貫く主題となる修道階梯の全段階が含まれている。

なお『現観荘厳論』「七十義」の中で、一義に修道階梯の全段階を含むのは、第一の「発心」と最後の「法身《ほっしん》の事業《じごう》」の二つだけである。その理由については、チベットの註釈家の間でも、色々と議論されてきたが、本書では最終章「法身の事業」で、また改めて論じたいと考えている。

第7章 資《し》糧《りょう》行《ぎょう》について

前章では、『現観荘厳論』の「八章七十義」の体系において、Ⅰ一切相智《いっさいそうち》の⑴発心《ほっしん》を紹介した。本章では同じⅠ一切相智の⑼資糧行を紹介したい。これはⅠ一切相智を構成する十法の中でも、とくに重要なトピックとされている。

◆『現観荘厳論』における資糧行の位置づけ

これまで見てきたようにチベットの般若学では、『現観荘厳論』の八章がⅠ一切相智／Ⅱ道種《どうしゅ》智／Ⅲ一切智の三智を明らかにした第一部と、Ⅳ一切相現等覚《げんとうがく》／Ⅴ頂現観《ちょうげんかん》／Ⅵ漸《ぜん》現観／Ⅶ一刹《いっせつ》那《な》現等覚の四加行《けぎょう》を説いた第二部、そしてⅧ法身《ほっしん》を説いた第三部の三つにまとめられ、この三部が、「基礎・道・果」（シ・ラム・デー）という、チベット仏教の伝統的概念に基づいて解釈される。

そして「資糧行」は、このうちⅠ一切相智の⑼に相当する。その内容はさらに、

「①悲《ひ》の資糧、②布施《ふせ》の資糧、③戒《かい》の資糧、④忍《にん》の資糧、⑤精進《しょうじん》の資糧、⑥禅定《ぜんじょう》の資糧、⑦般若《はんにゃ》の資糧、⑧止《し》の資糧、⑨観《かん》の資糧、⑩双入道《そうにゅうどう》の資糧、⑪方便《ほうべん》の資糧、⑫智《ち》の資糧、⑬福《ふく》の資糧、⑭道《どう》の資糧、⑮陀羅尼《だらに》の資糧、⑯地《じ》の資糧、⑰対治《たいじ》の資糧」の十七法に分けられる。これら十七種の資糧行は『現観荘厳論』「七十義」の第九に相当し、『現観荘厳論本頌《ほんじゅ》』の第四三偈《げ》から第七一偈までの二九偈に説かれる。これはⅠ一切相智を説く五六偈の半数を超えている。

『現観荘厳論』「七十義」の中で、わずか一義の説明にこれほどの偈数が費やされるのは、極めて異例であり、『現観荘厳論』において、この部分が、いかに重視されていたかを示すものといえる。

◆『二万五千頌般若経』における資糧行

『二万五千頌般若経』において『現観荘厳論』のⅠ一切相智の⑼資糧行に対応する部分は、ネパールに伝存するサンスクリット原典では、木村高尉氏の校訂テキストの第二分冊の四六頁から一一四頁までを占めている。またチベット訳（中国蔵学研究中心編『丹珠爾《タンジュル》』所収本）では、第五〇巻の四九〇から六三一頁までの一四二頁に相当する。

いっぽう『二万五千頌般若経』に対応する玄奘訳『大般若波羅蜜多経』「第二分」では「無縛《むばく》

解品《げほん》」第十五から「出住《しゅつじゅう》品」第十九までに相当する。なおこの部分では①悲の資糧から⑩双入道の資糧までがほぼ「無縛解品」に相当し、⑪方便の資糧以後も、『現観荘厳論』と漢訳の分科《ぶんか》には一定の対応関係が認められる。(下・表参照)

◆十七種の資糧行

それでは今回取り上げる十七種の資糧行について、順を追って見ることにしよ

『二万五千頌般若経』			タルマリンチェンによる分科
木村校訂梵本	チベット訳『丹珠爾』	玄奘訳	
46-13～114-8	Vol.50-490-13～631-6		
46-13～48-4	490-13～493-16	無縛解品	被鎧行の観点から説いた
48-5～48-30	493-17～495-11		
48-31～49-17	495-12～496-18		
49-18～50-3	496-19～498-2		
50-4～50-20	498-3～499-5		
50-21～51-9	499-6～500-13		
51-10～51-27	500-14～501-18		
51-28～53-13	501-19～505-14		
53-14～56-17	505-15～511-11		
56-18～58-27	511-12～519-8		
58-28～60-12	519-9～522-8	三摩地品	最初の質問への答え
60-13～63-31	522-9～529-6		
63-32～75-22	529-7～550-7		
75-23～85-21	550-8～573-10	念住等品	
85-22～87-30	573-11～577-12		
87-31～103-7	577-13～608-18	修治品	第二の質問への答え
103-8～114-8	608-19～631-6	出住品	第三以後の質問への答え

う。

なお(8)発趣行《ほっしゅぎょう》の後に(9)資糧行が説かれたのは、発趣行の所説の如く大乗に入れば、その果として資糧が生じるからである。

まず①悲の資糧から⑩双入道の資糧までは、漢訳の「無縛解品」に、ほぼ相当する。『二万五千頌般若経』では、須菩提《しゅぼだい》が「世尊《せそん》、(大乗の)鎧《よろい》を擐《き》るとは、云何《いかん》が名づけて(大乗の)鎧を擐ると為《な》すや」と問うたのに対して、ブッダが、

「復《ま》た次に須菩提、若《も》し菩薩摩訶薩《ぼさつまかさつ》、大乗の鎧を擐《き》(中略)大光明を放ちて遍《あまね》く三千大千世界を照らし、亦《ま》た三千大千世界をして六三《ろくさん》に変動せしむるに、其《そ》の中の地獄火等の苦具《くぐ》及び彼《か》の衆生《しゅじょう》の身心《しんじん》の痛悩皆除滅《つうのうみなじょめつ》することを得《う》(中略)斯《か》くの如く十方無量の世界に於いて衆生

表　『現観荘厳論』Ⅰ一切相智の(9)資糧行

『現観荘厳論』七十義	
(9)資糧行 tshogs kyi sgrub pa	
	①悲の資糧 sñiṅ rje'i tshogs
	②布施の資糧 sbyin pa'i tshogs
	③戒の資糧 tshul khrims kyi tshogs
	④忍の資糧 bzod pa'i tshogs
	⑤精進の資糧 brtson 'grus kyi tshogs
	⑥禅定の資糧 bsam gtan gyi tshogs
	⑦般若の資糧 śes rab kyi tshogs
	⑧止の資糧 źi gnas kyi tshogs
	⑨観の資糧 lhag mthoṅ gi tshogs
	⑩双入道の資糧 zuṅ du 'bral bar 'jug pa'i lam gyi tshogs
	⑪方便の資糧 thabs la mkhas pa'i tshogs
	⑫智の資糧 ye śes kyi tshogs
	⑬福の資糧 bsod nams kyi tshogs
	⑭道の資糧 lam gyi tshogs
	⑮陀羅尼の資糧 gzuṅs kyi tshogs
	⑯地の資糧 sa'i tshogs
	⑰対治の資糧 gñen po'i tshogs

を三悪趣《あくしゅ》より救済すると雖《いえど》も、而《し》かも一人も救うことなし。何を以《もっ》ての故に、諸法の性空《しょうくう》にして皆幻の如きが故に。かくの如きを、菩薩摩訶薩、大鎧を擐《き》ると名づく」

が①悲の資糧に相当する。つぎに、

「復た次に須菩提、若し菩薩摩訶薩、布施波羅蜜に安住して大鎧を擐《き》、普《あまね》く三千大千世界を化《け》すること吠瑠璃《べいるり》の如く、亦《また》自身を化《け》して転輪王《てんりんおう》と為《な》し、七宝の眷属導従囲繞《けんぞくどうじゅういにょう》す。其の中の有情、食を須《ま》てば食を與《あた》え、乗を須てば乗を與え（中略）與うる所有りと雖も、而《し》かも一人にも與うることなし。何を以ての故に、諸法の性空にして皆幻の如きが故に。かくの如きを、菩薩摩訶薩、大鎧を擐《き》ると名づく」

が、②布施の資糧に相当する。

このように、「無縛解品」に説かれる鎧の譬喩《ひゆ》によって、①悲の資糧から⑩双入道の資糧までが説かれたとするのである。つぎに『二万五千頌般若経』に、須菩提が、

「世尊、云何《いかん》が菩薩摩訶薩の大乗なりや。云何が菩薩摩訶薩、大乗に発趣《ほっしゅ》すと知るべき。この乗は何の処より出《い》で、何の処に至りて住するや。誰か復た是の乗に乗りて出づるや」

と問うたのに対して、この最初の質問、つまり大乗の自性に関する回答が⑪方便の資糧から⑮陀羅尼の資糧までであるとされる。

さらに⑯地の資糧が、第二の質問、つまり大乗の発趣に関する回答、⑰対治の資糧が、第三から第五の質問に対する回答とされている。

このうち⑫智の資糧、⑯地の資糧、⑰対治の資糧の三つは重要で、チベットの般若学では、とくに別項目を立て、解説されることが多い。とくに⑯地の資糧は、『現観荘厳論本頌』の中で、もっとも詳細に解説されているトピックといえる。しかし紙数の関係で、本章では⑫智の資糧と⑰対治の資糧のみを扱い、⑯地の資糧は次章に回すことにしたい。

◆智の資糧

⑫智の資糧は、『般若経』所説の二十空《くう》を主題としている。『二万五千頌般若経』の、

「復《ま》た次に須菩提、菩薩摩訶薩の大乗相とは、謂《いわ》ゆる内《ない》空・外《げ》空・内外《ないげ》空・空《くう》空・大《だい》空・勝義《しょうぎ》空・有為《うい》空・無為《むい》空・畢竟《ひっきょう》空・無際《むさい》空・散《さん》空・本性《ほんしょう》空・一切法《いっさいほう》空・自相《じそう》空・不可得《ふかとく》空・無法有《むほうう》法《ほう》空・無法《むほう》空・有法《うほう》空・自性《じしょう》空・他性《たしょう》空」

がこれを説いた経文とされている。

なお二十空とは、『般若経』に説かれる十六空に無法空・有法空・自性空・他性空の四つを付加したものである。なお対応する玄奘訳『大般若波羅蜜多経』「第二分」の「三摩地品《さんまじほん》」は、十

八空しか説いていない。この部分は、『般若経』に説かれる主要な教理概念を一々解説した箇所で、この後二十空の一々について、経文で詳細に説明がなされている。

◆対治の資糧

『二万五千頌般若経』では、先に須菩提が質問した「この乗は何の処より出で、何の処に至りて住するや」に対する回答が与えられる箇所から、十七種の資糧行の最後を飾る⑰対治の資糧に相当する経文に入る。その対応関係は、先の⑫智の資糧ほど明確ではないが、経文にある「然《しか》るに、二無き故に出ずる無く至る無し」の「二無き故に」（アドヴァヤヨーゲーナ）が、所取能取《しょしゅのうしゅ》の二を滅する意味であると解されている。

『現観荘厳論本頌』第七一偈によれば、所取能取の分別《ふんべつ》には、見道修道《けんどうしゅどう》の両者において八種あるから、その対治の手段も八種ある。その内容は、所取にA煩悩の実体のみと、B対治の設定、能取にA個我（プドガラ）の実有《じつう》とB個（プルシャ）の設定の各二があり、それらを見道と修道において対治するから、都合八種になるとする。

仏教では「諸法無我」といい、我々が自我であると考え執着しているものは、実在しないと説く。この思想を押し進めると、自我の存在を前提とする主観・客観の二元対立も存在しないことになる。これを仏教では、「所取（客観）能取（主観）の二がない」と呼ぶ。そしてこの主観・客観の二元対立を克服する手段が⑰対治の資糧とされた。菩薩が修道階梯のどの段階で主観・客観の二元対立を克服し、悟りの世界に入るのかという問題は、チベットの般若学の重要なテーマとなるのである。

◆まとめ

これまで再三述べてきたように『現観荘厳論』の特徴は、大乗仏教の根本聖典『般若経』に基づき、大乗の修道論を体系化したところにある。

仏教では古来から、衆生が悟りを開くためには糧《かて》が必要と考え、これを資糧と呼んできた。一般には福徳と智慧の二つを二資糧と呼び、六波羅蜜に当てはめると、前の五波羅蜜が福徳、般若波羅蜜が智慧の資糧に相当するとされてきた。これに対して『現観荘厳論』では、六波羅蜜を増広した十七種の資糧行が説かれている。

その中でも⑯地の資糧は、菩薩の修道階梯の根幹をなす十地をテーマとしており、『現観荘厳論』の中でも、最も重要なトピックといえる。本章では紙数の関係で割愛せざるを得なかったが、次章では、この問題をじっくり紹介することにしたい。

第8章 地《じ》の資糧について

前章では、『現観荘厳論』「八章七十義」の体系において、「三智」の第一に相当するⅠ一切相智《いっさいそうち》から⑼資糧行《しりょうぎょう》を概観した。これで『現観荘厳論』のⅠ一切相智に含まれるトピックを、すべて概観したことになったが、⑼資糧行の⑯地の資糧はとくに重要なトピックで紙数を要するため、解説を後回しにしていた。本章では、これを取り上げることにしたい。

◆『現観荘厳論』における地の資糧の位置づけ

これまで見てきたように、チベットの般若学では、『現観荘厳論』の八章が、Ⅰ一切相智／Ⅱ道種《どうしゅ》智／Ⅲ一切智の三智を明らかにした第一部と、Ⅳ一切相現等覚《げんとうがく》／Ⅴ頂現観《ちょうげんかん》／Ⅵ漸《ぜん》現観／Ⅶ一刹那《いっせつな》現等覚の四加行《けぎょう》を説いた第二部、そしてⅧ法身《ほっしん》を説いた第三部の三つにまとめられ、この三部が、「基礎・道・果」（シ・ラム・デー）という、チベット仏教の伝統的概念に基づいて解釈される。

そして「地の資糧」は、このうちⅠ一切相智の⑼資糧行を構成する十七法のうち第十六番目に相当し、『現観荘厳論本頌《ほんじゅ》』では、第四八偈《げ》から第七〇偈までの二三偈に説かれる。このように『現観荘厳論』「七十義」の一義に含まれる一つのトピックに、これほどの偈数が費《つい》やされるのは、極めて異例であり、『現観荘厳論』において、この部分が、いかに重視されていたかを示すものといえる。

◆『二万五千頌般若経』における地の資糧

『二万五千頌般若経』において『現観荘厳論』のⅠ一切相智の⑼資糧行の⑯地の資糧に対応する部分は、ネパールに伝存するサンスクリット原典では、木村高尉氏の校訂テキストの第二分冊の八七頁から一〇三頁までを占めている。またチベット訳（中国蔵学研究中心編『丹珠爾』所収本）では、第五〇巻の五七七から六〇八頁までの三二頁に相当する。いっぽう『二万五千頌般若経』に対応する玄奘訳『大般若波羅蜜多経』「第二分」では「修治品《しゅじほん》」第十八、鳩摩羅什訳『大品《だいぼん》般若経』では「発趣品《ほっしゅ》」第二十に相当する。

今まで見てきたように、『現観荘厳論』に基づく『二万五千頌般若経』の分科《ぶんか》と、漢訳の章節の分かち方は、しばしば一致しないが、⑯地の資糧では完全に一致しており、古来からこの部分が一つのまとまりと意識されていたことが分かる。（左・表参照）

◆初地《しょじ》の十法

前章で見たように、『二万五千頌般若経』では、須菩提《しゅぼだい》が「世尊《せそん》、云何《いかん》が菩薩摩訶薩《ぼさつまかさつ》の大乗なりや。云何が菩薩摩訶薩、大乗に発趣すと知るべき。この乗は何の処より出《い》で、何の処に至りて住するや。誰か復た是の乗に乗りて出づるや」と問うたのに対して、ブッダが、その第二の質問つまり大乗の発趣について、

「須菩提。菩薩摩訶薩、六波羅蜜《ろくはらみつ》を修行する時、一地より一地に趣《おもむ》く。菩薩

	具足すべき法	遠離すべき法	玄奘訳	タルマリンチェンによる分科
	十法		修治品	第二の質問への答え
	八法			
	五法			
	十法			
		十法		
	六波羅蜜	六法		
	二十法	二十法		
	八法			
	十二法			

摩訶薩は、如何《いか》にして一地より一地に趣《おもむ》くや。一切法は趣くところなきが故に」

と答えるところから、地の資糧を説いた経文に入る。

つぎに、

「菩薩摩訶薩、初地に住する時、十種の勝業《しょうごう》を行ず。一は無所得《むしょとく》を以《もっ》て方便《ほうべん》となし勝意楽《しょういぎょう》を行ず。二は相を見ざるを以て利益《りやく》を為《な》し、三は衆生不《しゅじょうふ》可得《かとく》の故に一切衆生に平等心を修す。四は施者受者及び施物不可得の故に捨施を修治す。五は驕慢《きょうまん》の心なく善知《ぜんち》識《しき》に親近す。六は一切法不可得の故に求法《ぐほう》の業を修治す。七は家を見ざるが

表　『現観荘厳論』Ⅰ一切相智における地の資糧

『現観荘厳論』七十義		『二万五千頌般若経』	
		木村校訂梵本	チベット訳『丹珠爾』
⑨-16.地の資糧sa'i tshogs		87-31〜103-7	Vol.50-577-13〜608-18
因の九地	1.初地sa daṅ po	87-31〜88-24	577-13〜578-19
	2.第二地sa gñis pa	88-25〜88-32	578-20〜579-8
	3.第三地sa gsum pa	89-1〜89-8	579-9〜579-18
	4.第四地sa bźi pa	89-9〜89-15	579-19〜580-8
	5.第五地sa lṅa pa	89-16〜89-24	580-9〜581-9
	6.第六地sa drug pa	89-25〜90-2	581-10〜581-17
	7.第七地sa bdun pa	90-3〜90-24	581-18〜582-17
	8.第八地sa brgyad pa	90-25〜91-4	582-18〜583-12
	9.第九地sa dgu pa	91-5〜91-13	583-13〜584-5
果	10.第十地sa bcu pa	91-14〜103-7	584-6〜608-18

故に常に出家を楽《ねが》う。八は（三十二）相（八十種）好不可得の故に仏身を楽う。九は法の分別不可得の故に法教を開闡《かいせん》す。十は語不可得の故に真実語の業を修治す」

が菩薩の十地の①歓喜地を説いた経文とされている。

いっぽう『現観荘厳論本頌』の第四八偈から五〇偈では、①意楽、②利益事、③衆生への平等心、④捨施《しゃせ》、⑤善知識親近《しんごん》、⑥欣求正法《ごんぐしょうぼう》、⑦常出家心、⑧仏身への愛楽《あいぎょう》、⑨法の説示、⑩真諦《しんたい》語《ご》の十法を、初地を成就するものと説いており、両者の説相は完全に一致している。

◆二地の八法

つぎに『二万五千頌般若経』に、

「須菩提、菩薩摩訶薩、二地に住する時、応《まさ》に八法に於《おい》て思惟し、修習《しゅじゅう》すべし。何等をか八となす。一には清浄禁戒《しょうじょうごんかい》、二には知恩報恩《ちおんほうおん》、三には忍力《にんりき》に住す、四には勝歓喜《しょうかんぎ》を受く。五には一切衆生を捨てず、六には大悲《だいひ》を起こす、七には諸《もろもろ》の師長に於て敬信《きょうしん》の心を以て諮《し》承《しょう》す、八には勤求《ごんぐ》して波羅蜜を修習す」

とあるのが菩薩の十地の②離垢《りく》地を説いた経文とされている。

いっぽう『現観荘厳論』の第五一偈では、①戒、②知恩、③忍、④勝歓喜、⑤大悲、⑥恭敬、

⑦敬信師長、⑧施等（の波羅蜜）への精進の八法を、二地を成就するものと説いており、両者の説相はほぼ一致している。

◆三地の五法

さらに『二万五千頌般若経』の、

「須菩提、菩薩摩訶薩、三地に住する時、応《まさ》に五法に住すべし。何等をか五となす。一には多聞《たもん》を勤求《ごんぐ》して嘗《かつ》て厭足《おんそく》無く、所聞《しょもん》の法に於て文字に著《じゃく》せず。二には無染《むぜん》の心を以て常に法施《せ》を行じ、広く開示すと雖《いえど》も、而《しか》も自ら高うせず。三には厳浄土《ごんじょうど》の為《ため》に善根《ぜんごん》を植え、廻向《えこう》すと雖も、而も自ら挙げず。四には無辺の生死《しょうじ》を厭倦《おんけん》せずと雖も、而も自ら高うせず。五には慚愧《ざんき》に住すと雖も、而も著する所無し」

が菩薩の十地の③発光地《ほっこうじ》を説いた経文とされている。

いっぽう『現観荘厳論』の第五二から五三偈の前半では、①聞に於て足るを知らざる事、②無貪の法施、③厳浄土、④輪廻無疲倦、⑤慚愧の五法を、三地を成就するものと説いており、両者の説相は完全に一致している。

◆四地の十法

さらに『二万五千頌般若経』の、

「須菩提。菩薩摩訶薩、四地に住する時、応《まさ》に十法に住して、捨てざるべし。何等をか十となす。一には阿練耶《あれんや》に住す。二には少欲。三には喜足《きそく》。四には常に頭陀《ずだ》の功徳を捨離《しゃり》せず。五には学処《がくしょ》を捨てず。六には欲楽を厭離《おんり》す。七には寂滅倶心《じゃくめつくしん》を発起す。八には諸《もろもろ》の所有《しょう》を捨つ。九には心滞没《たいもつ》せず。十には諸の所有に於て顧恋する所無し」

が菩薩の十地の④焰慧地《えんね》を説いた経文とされている。

いっぽう『現観荘厳論』の第五三偈の後半から五四偈では、①林住、②少欲、③喜足、④頭陀と倹約、⑤学処の不捨、⑥諸欲の遠離《おんり》、⑦寂滅、⑧一切有の捨離、⑨不滞没、⑩無観待《むかんたい》を、四地を成就するものと説いており、両者の説相は完全に一致している。

◆五地以後の菩薩地

これ以後、『二万五千頌般若経』では、五地に遠離十法、六地に六波羅蜜と遠離六法、七地に遠離二十法と具足二十法、八地に四法と四法、九地に十二法が説かれている。これに対して十地は、「當《まさ》に仏の如しと知るべし」すなわち仏の境地と異なるところがないと説かれている。そこでチベットの般若学では、初地から九地までを「因の九地」と呼ぶのに対して、十地は「果地《かじ》」であるとする。

いっぽう『現観荘厳論』の第五五偈から第七〇偈までには、五地に遠離十法、六地に十二法、七地に遠離二十法と具足二十法、八地に八法、九地に十二法が説かれており、両者の説相はほぼ一致している。

◆まとめ

これまで再三述べてきたように『現観荘厳論』の特徴は、大乗仏教の根本聖典『般若経』に基づき、大乗の修道論を体系化したところにある。そして菩薩の修道階梯である十地は、大乗の修道論の根幹をなすものとして、とくに重視されてきた。

なお『般若経』本来の修道階梯は、①乾慧《けんね》地、②性《しょう》地、③八人《はちにん》地、④見《けん》地、⑤薄《ばく》地、⑥離欲《りよく》地、⑦已作《いさ》地、⑧辟支仏《びゃくしぶつ》地、⑨菩薩地、⑩仏地の「共《ぐう》の十地」、つまり大小乗共通の十地であるが、般若学では『華厳経』所説の①歓喜地以下の「但《たん》菩薩地」、つまり大乗の菩薩だけの十地が用いられる。これは『現観荘厳論』で十地を説いた「地の資糧」相当の経文が、単に「初地」「二地」

とのみ述べ、乾慧地等の名を挙げなかったので、これを『華厳経』所説の但菩薩地に読み替えたためと思われる。この推定は、「地の資糧」相当の経文が、但菩薩地を説く『華厳経』「十地品」や世親の『十地経論』と全く一致しないことからも裏づけられる。この操作によって、但菩薩地を用いる唯識系論書との会通《えつう》が可能になったのである。

なお『十万頌般若経』に対応する玄奘訳『大般若波羅蜜多経』「初分」では、これらの十地が、経文の上でも①歓喜地等の但菩薩地とされている。

またこの部分では、『現観荘厳論』と『二万五千頌般若経』の経文が、ほぼ完全に一致していることが分かった。

したがって大乗仏教の根本聖典『般若経』に基づき、大乗の修道論を体系化する『現観荘厳論』の思想は、「地の資糧」相当の経文から発生したのではないかと思われる。『現観荘厳論』において、「七十義」のさらに下にある一トピックに過ぎない「地の資糧」が、二三偈も費やして解説されたのは、この経文が、『現観荘厳論』自体の成立にも、大きな役割を果たしたからではないかと、著者は考えている。

Ⅱ 道種智

第9章 道《どう》種《しゅ》智《ち》について

これまでは、『現観荘厳論』「八章七十義」の体系において、「三智」の第一に相当するⅠ一切相智を概観してきたが、本章ではその第二に当たるⅡ道種智を概観することにしたい。

◆『現観荘厳論』における道種智の位置づけ

これまで見てきたように、チベットの般若学では、『現観荘厳論』の八章が、Ⅰ一切相智／Ⅱ道種智／Ⅲ一切智の三智を明らかにした第一部と、Ⅳ一切相現等覚／Ⅴ頂現観／Ⅵ漸現観／Ⅶ一刹那現等覚の四加行を説いた第二部、そしてⅧ法身を説いた第三部の三つにまとめられ、この三部が、「基礎・道・果」（シ・ラム・デー）という、チベット仏教の伝統的概念に基づいて解釈される。

そして「道種智」は、このうち第一部の第二に相当し、その内容はさらに、「⑴道種智の支分《しぶん》、⑵声聞《しょうもん》の道を知る道種智、⑶独覚《どっかく》の道を知る道種智、⑷大乗の見道《けんどう》、

⑸大乗の修道《しゅどう》の作業《さごう》、⑹信解《しんげ》、⑺信解の利益《りやく》、⑻廻向《えこう》、⑼随喜《ずいき》、⑽引発《いんぽつ》、⑾畢竟清浄《ひっきょうしょうじょう》」の十一法に分けられる。

これらの十一法は『現観荘厳論』第二章所説の三十一の偈《げ》に説かれ、「七十義」では第11から第21までに相当する。

◆『二万五千頌《じゅ》般若経』における道種智

『二万五千頌般若経』において『現観荘厳論』のⅡ道種智に対応する部分は、ネパールに伝存するサンスクリット原典では、木村高尉氏の校訂テキストの第三分冊の大半を占めている。またチベット訳（中国蔵学研究中心編『丹珠爾』所収本）では、第五〇巻の八二三から一一八二頁までの三五九頁に相当する。これはⅢ一切智を説く部分の約八倍となっている。

いっぽう『二万五千頌般若経』に対応する玄奘訳『大般若波羅蜜多経』「第二分」では「帝釈《たいしゃく》品《ほん》」第二十五の冒頭から「地獄《じごく》品」第三十九の途中までに対応する。このように『現観荘厳論』所説の⑴道種智の支分〜⑾畢竟清浄の十一法に対応する経文は、漢訳の章節の分かち方とは必ずしも一致しない。（次頁・表参照）

◆道種智の十一法

それでは今回取り上げる道種智の十一法について、順を追って見ることにしよう。

(1)道種智の支分は、道種智の総論に相当する。『二万五千頌般若経』によれば、仏の説法の座に欲界色界《よくかいしきかい》のあらゆる神々が集まってきたが、彼らの放つ光は、如来の身から放たれる常光に比べれば、百分の一、千分の一乃至《ないし》百千倶胝《ぐてい》分、鄔《う》波《は》尼《に》殺《せつ》曇《どん》分の一にも及ば

タルマリンチェンによる分科
1.lam śes kyi yan lag
2.yan lag can gyi lam śes
2-1.slob ma ñan thos kyi lam śes pa'i lam śes
2-2.bse ru'i lam raṅ saṅs rgyas kyi lam śes pa'i lam śes
2-3.byaṅ chub sems dpa'i lam śes
2-3-1.theg pa chen po'i mthoṅ ba'i lam
2-3-2.theg pa chen po'i sgom lam
2-3-2-1.theg chen sgom lam gyi byed pa
2-3-2-2-1.zag bcas sgom lam
2-3-2-2-1-1.mos pa sgom lam
dṅos
phan yon
2-3-2-2-1-2.bsṅo ba yid la byed pa
2-3-2-2-1-3.rjes su yi raṅ ba yid la byed pa
2-3-2-2-2.zag med sgom lam
2-3-2-2-2-1.sgrub pa sgom lam
2-3-2-2-2-2.śin tu rnam par dag pa źes bya ba'i sgom lam

なかった。これは神々の慢心を打ち砕き、無上菩提へ発《ほっ》心《しん》させるためである。

そこで(1)道種智の支分は(1)天《てん》光隠蔽《こうおんぺい》とも呼ばれる。神々の王者帝釈天が、須《しゅ》菩《ぼ》提《だい》に般若波羅蜜の説示を懇《こん》請《せい》すると、須菩提は、「憍《きょう》尸《し》迦《か》

表　『現観荘厳論』Ⅱ道種智の十一法

『現観荘厳論』七十義 [11]-[21]	『二万五千頌般若経』		
	木村校訂梵本	チベット訳『丹珠爾』	玄奘訳
(1)道種智の支分 lam śes kyi yan lag	Vol.3 1-1～2-22	Vol.50-823-7～826-6	帝釈品
(2)声聞の道を知る道種智 ñan thos kyi lam śes pa'i lam śes	2-23～11-22	826-7～846-18	帝釈品
(3)独覚の道を知る道種智 raṅ rgyal gyi lam śes pa'i lam śes	11-23～27-9	846-19～880-20	帝釈品 信受品 散花品
(4)大乗の見道 theg chen gyi mthoṅ lam	27-10～52-11	881-1～933-1	散花品 授記品 摂受品
(5)大乗の修道の作業 theg chen gyi sgom lam gyi byed pa	52-12～56-22	933-2～942-9	摂受品 窣堵波品
(6)信解 mos pa sgom lam	56-23～100-15	942-10～1036-4	福生品 功徳品 外道品 天來品 設利羅品
(7)信解の利益 mos pa'i phan yon	100-16～122-20	1036-5～1084-7	経文品
(8)廻向 bsṅo ba sgom lam	122-21～140-13	1084-8～1124-14	随喜廻向品
(9)随喜 rjes su yi raṅ sgom lam	140-14～142-23	1124-15～1130-11	随喜廻向品
(10)引発 sgrub pa sgom lam	142-24～148-27	1130-12～1146-2	大師品
(11)畢竟清浄 rnam dag sgom lam	148-28～164-8	1146-3～1182-16	地獄品

（帝釈天の本名）、汝《なんじ》ら諸天等、未だ無上菩提心を発《おこ》せざる者は、今皆応《まさ》に発すべし。諸《もろもろ》の声聞独覚、已《すで》に正性離生《しょうしょうりしょう》に入る者は、復《ま》た大菩提心を発すこと能《あた》わず。何を以《も》っての故に。憍尸迦、彼は生死《しょうじ》に於いて已《すで》に結界《けっかい》するが故に」

と説いた。この経文の後半の解釈に関しては、後述のように声聞独覚も成仏できるのかという議論を生むことになった。

(2)声聞の道を知る道種智以下は、支分を有する道種智と呼ばれ、道種智の各論に相当する。全体は、(2)声聞の道、(3)独覚の道、(4)以下の菩薩の道を知る道種智の三つに分けられる。菩薩の道は、(4)大乗の見道と(5)以下の大乗の修道に分けられ、大乗の修道は、さらに(6)～(7)有漏《うろ》の修道と、(10)～(11)無漏《むろ》の修道に分けられる。（表参照）

このうち(2)声聞の道を知る道種智は、ブッダがサールナートで五比丘《びく》に説いた四諦《したい》の十六現観《げんかん》が主題となっている。『二万五千頌般若経』の、

「菩薩摩訶薩は一切相智相応の心を発し、無所得を以て方便となし、色は無常なりと作意すべし」

以下が、四諦十六現観を説いた経文とされている。

つぎの(3)独覚は、煩悩が少ないので喧噪《けんそう》を避けて独居《どっきょ》を好み、菩薩に比して悲《ひ》が少ないので、

広大な利他《りた》の働きがない。最後有《さいごう》において、他の教示を受けず、自ら菩提を悟るとされる。『二万五千頌般若経』の、

「爾《そ》の時、会中《えちゅう》に諸天子あり。竊《ひそか》に是の念を作す。諸の薬叉《やくしゃ》等の言詞《ごんじ》呪句、我等の輩《ともがら》、猶《なお》了知《りょうち》すべくも、須菩提尊者《そんじゃ》、此《こ》の般若波羅蜜多に於《お》いて、種種の言詞を以《もっ》て顕示《けんじ》すると雖《いえど》も、我等の輩、竟《つい》に能《よ》く解すること能《あた》わず」

が独覚の道を知る道種智を説いた経文とされている。

つぎの(4)大乗の見道は、(1)と同じく四諦の十六現観を本体とするが、大乗の見道は、自らの心相続の空性を現前に悟る大乗の智によって捉えられている点で、声聞の四諦現観に比して格段に優れている。

(5)以下は大乗の修道に相当する。修道には(5)修道の作業と(6)以下の作業をもつ修道に二分され、(6)以下は(6)(7)信解、(8)廻向、(9)随喜に分けられる。さらに信解は、(6)信解の本体と(7)信解の利益に分けられる。

(4)見道の後に修道が説かれたのは、菩薩は見道の後、修道に入るからである。またその最初に(5)修道の作業が説かれたのは、作業によって修道が生じるからである。

また(6)〜(9)は種々の世俗の形相《ぎょうそう》が現れるから「有漏の修道」、(10)〜(11)は世俗の形相が現れない

から「無漏の修道」と呼ばれる。有漏の修道を⑹⑺信解、⑻廻向、⑼随喜に分けるのは、善根を積み、無尽《むじん》にし、増加させるという三徳があるからである。このうち⑹信解を先に説いたのは、善根を無尽にし増加させるには、まず善根を積まねばならないからである。

⑹信解の後に、⑺信解の利益を説いた理由は、般若波羅蜜を信解すれば、仏や高位の菩薩も讃嘆すると説いて、菩薩を奮い立たせるためである。

信解の後に⑻廻向を説いた理由は、般若波羅蜜を信解することにより、善根を菩提に廻向することが生じるからである。

⑻廻向の後に⑼随喜を説いた理由は、正しく廻向することで生じた福徳を随喜することにより、福徳が増加するからである。

⑹〜⑼の有漏の修道の後に、⑽⑾無漏の修道を説いた理由は、⑹信解、⑺廻向、⑻随喜の三つの修道は、無分別智《むふんべつち》によって捉えられなくてはならないからである。

無漏の修道に⑽引発と⑾畢竟清浄の二つがあるのは、無漏の修道に無間道《むけん》と解脱《げだつ》道の二つがあるからである。

⑽引発を先に説いたのは、無間道は解脱道に先行するからである。無漏の修道が有漏の修道より優れているのは、無分別智がなければ、⑹信解、⑻廻向、⑼随喜によっても仏果は得られない

からである。

⑾畢竟清浄には、逆縁《ぎゃくえん》と順縁《じゅんえん》がある。順縁とは仏の応身《おうじん》に承事《じょうじ》し、六波羅蜜を修する等のことを指す。逆縁とは魔に取り憑《つ》かれ、甚深《じんじん》の離戯論《りけろん》の法を解せず、これを憎む、五蘊《ごうん》等を実有《じつう》と執《しゅう》する等のことを指す。そしてこれら逆縁を捨て、順縁を満足すると、畢竟清浄が生じるとされている。

◆まとめ

『現観荘厳論』のⅡ道種智は、仏の智慧である一切相智に至る道を知る智を扱っている。しかし菩薩は、衆生を救済するため、小乗の聖者である声聞・独覚の道も知らなければならない。衆生の中には、声聞乗、縁覚乗に適した器も存在するからである。そこでⅡ道種智には、三乗の道を知る智が、すべて含まれることになった。しかし小乗の聖者は、一旦輪廻の世界から脱すれば、再生することはないとされていた。

そこで二乗の聖者も、最後は大乗に転向し、仏果を証することができるのかが、大乗仏教の大きな問題となった。

本章の⑴道種智の支分に関して、ハリバドラの『現観荘厳光明』で展開された議論は、日本の

シャル寺が所蔵する『二万五千頌般若経』の写本（著者撮影）

Ｖ頂現観（５）無間三昧（本書第 17 章参照）の部分に相当し、吐蕃時代の古い綴字で書かれている。

天台《てんだい》・法相《ほっそう》の間で争われた三一権実《さんいちごんじつ》の論争に通じるものがあり、興味深い。

次章では、三智を明らかにした第一部から、最後のⅢ一切智を解説する。

Ⅲ 一切智

第10章 一切智《いっさいち》について

前章では、『現観荘厳論』「八章七十義」の体系において、「三智」の第二に相当するⅡ道種智を概観したが、本章ではその第三に当たるⅢ一切智を見ることにしたい。

◆『現観荘厳論』における一切智の位置づけ

これまで見てきたように、チベットの般若学では、『現観荘厳論』の八章が、Ⅰ一切相智／Ⅱ道種智／Ⅲ一切智の三智を明らかにした第一部と、Ⅳ一切相現等覚／Ⅴ頂現観／Ⅵ漸現観／Ⅶ一刹那現等覚の四加行を説いた第二部、そしてⅧ法身を説いた第三部の三つにまとめられ、この三部が、「基礎・道・果」（シ・ラム・デー）という、チベット仏教の伝統的概念に基づいて解釈される。

そして「一切智」は、このうち第一部の第三に相当し、その内容は、さらに⑴慧《え》により有《う》に住せず、⑵悲《ひ》により寂《じゃく》に住せず、⑶般若に遠き基智《きち》、⑷般若に近き基智、⑸能退治《のうたいじ》の基智、⑹所《しょ》退治の基智、(7)基智の加行《けぎょう》、(8)基智の加行の平等性、(9)声聞乗《しょうもんじょう》の見道《けんどう》の九法に分けられる。これらの九法は『現観荘厳論本頌《ほんじゅ》』第三章の十六の偈《げ》に説かれ、「七十義」では第22から第30までに相当する。

なおチベットの般若学では、一切智は「基礎・道・果」の基礎（シ）に相当するので、「基智」（シシェー）と呼ばれる。これはⅠ一切相智と紛らわしいので区別するためである。

またⅢ一切智は第一部の最後に位置するので、末尾に三智の総括が付せられているが、この部分は「七十義」には数えられない。

◆『二万五千頌般若経』における一切智

『二万五千頌般若経』において『現観荘厳論』のⅢ一切智に対応する部分は、ネパールに伝存するサンスクリット原典では、木村高尉氏の校訂テキストの第三分冊の末尾を占めている。またチベット訳（中国蔵学研究中心編『丹珠爾《タンジュル》』所収本）では、第五〇巻の一一八二から一二三四頁までの五二頁に相当する。これはⅡ道種智を説く部分の約八分の一となっている。

いっぽう『二万五千頌般若経』に対応する玄奘訳『大般若波羅蜜多経』「第二分」では「清《しょう》浄品《じょうほん》」第四十と「無標幟品《むひょうじ》」第四十一に相当する。なおⅢ一切智に対応する部分では、梵本・

チベット訳と漢訳の開きが大きく、⑴慧により有に住せず、⑵悲により寂に住せず、⑶般若に遠き基智、⑷般若に近き基智では『現観荘厳論』所説の一義に対応する漢訳の経文が、『大般若波羅蜜多経』「第二分」には存在せず、『十万頌般若経』に相当する「初分《しょぶん》」にのみ見える箇所がある。（左・表参照）

◆一切智の九法

それでは今回取り上げる一切智の九法について、順を追って見ることにしよう。

まず⑴慧により有に住せず、⑵悲により寂に住せずは、「七十義」では二義となっているが、『二万五千頌般若

ヤクトゥンによる分科	
1.srid źi la gnas mi gnas kyi khyad par	
2.’bras yum la ñe riṅ gi khyad par	
3.spaṅ bya daṅ gñen po’i khyad par	
	3-1.gźi lam la mtshan ’dzin gyi spaṅ gñen
	3-2.’bras bu la mtshan ’dzin gyi spaṅ gñen
	3-3.de dag gi mjug bsdu ba
4.de gñis kyi gnas lugs sgom tshul gyi khyad par	
	4-1.dṅos bśad pa
	4-2.mñam ñid bśad pa
5.bsgoms pa’i ’bras bu’i khyad par	
mjug bsdu ba	

経』の経文上は一つにまとめられている。以下に全文を引用すると、

「須菩提《しゅぼだい》、仏に申して言《もう》さく。世《せ》尊《そん》、般若波羅蜜は、菩薩摩訶薩の此岸《しがん》にあらず、彼岸《ひがん》にあらず、その両者乃至《ないし》中間にも得べからず。仏言《のたま》わく。須菩提よ。畢竟浄《ひっきょうじょう》なるが故に。須菩提言

表　『現観荘厳論』Ⅲ一切智の九法

『現観荘厳論』七十義 [22]-[30]	『二万五千頌般若経』		
	木村校訂梵本	チベット訳『丹珠爾』	玄奘訳
(1)慧により有に住せず śes pas srid la mi gnas pa'i lam śes	Vol.3 165-1〜165-7	Vol.50 1182-17〜1183-6	清浄品
(2)悲により寂に住せず sñiṅ rjes źi la mi gnas pa'i lam śes			
(3)般若に遠き基智 'bras yum la riṅ ba'i gźi śes	165-8〜165-19	1183-7〜1184-1	
(4)般若に近き基智 de la ñe ba'i gźi śes	165-20〜166-1	1184-2〜1184-5	
(5)能退治の基智 mi mthun phyogs kyi gźi śes	166-2〜170-18	1184-6〜1194-21	
(6)所退治の基智 gñen po'i phyogs kyi gźi śes			
(7)基智の加行 gźi śes kyi sbyor ba	170-19〜176-32	1195-1〜1211-2	無標幟品
(8)基智の加行の平等性 gźi śes kyi sbyor ba'i mñam ñid	176-33〜177-15	1211-3〜1212-16	
(9)声聞乗の見道 ñan thos kyi rtogs rigs su gnas pa'i mthoṅ lam	177-16〜183-13	1212-17〜1227-12	
三智のまとめmjug bsdu ba	183-14〜185-29	1227-13〜1234-1	

さく。世尊。何の故を以て、般若波羅蜜は、菩薩摩訶薩の此岸にあらず、彼岸にあらず、その両者乃至中間にも得ること能《あた》わざるや。仏言わく。三世《さんぜ》の法性平等《ほっしょうびょうどう》なるが故に、畢竟浄なるが故に」

ここで「菩薩摩訶薩の此岸」というのは、生死輪廻《しょうじりんね》への執着、「菩薩摩訶薩の彼岸」というのは涅槃《ねはん》への執着を意味し、さらに「その両者乃至中間にも得べからず」は、生死涅槃の何《いず》れにも執着しない大乗の境地もまた無相であるからである。これによって菩薩は慧によって有つまり生死輪廻に住せず、衆生を救済せんとする悲によって涅槃にも住しないという大乗の一切智が説かれたとするのである。

(3)般若に遠き基智とは、このように理解しても、方便《ほうべん》がなければ般若に遠くなることを意味する。『二万五千頌般若経』では、

「須菩提言さく。世尊。大乗に住する善男子善女人《ぜんなんしぜんにょにん》等、若《も》し方便善巧《ぜんぎょう》無くして、此の般若波羅蜜に於いて想を起さば、有所得《うしょとく》を以て方便と為《な》すが故に、般若波羅蜜を棄捨遠離《きしゃおんり》す」

と説かれている。

これに対して(4)般若に近き基智とは、大乗の聖者は、般若方便の双運《そううん》により三世の一切法の不生と平等性を悟るから、般若に近いとされる。『般若経』の、

「須菩提言さく。世尊。大乗に住する善男子善女人等、若し方便善巧有りて、無所得を以て方便と為し、此の般若波羅蜜に於いて名相《みょうそう》を取らず、耽著《たんじゃく》を起さず、驕慢《きょうまん》を生ぜずんば、便《すなわ》ち能《よ》く実相般若を証得するなり。當《まさ》に知るべし。此の類を般若波羅蜜を棄捨遠離せずと名づくと」

が、これに相当するが、不思議なことにこの経文は『二万五千頌般若経』にはなく、『十万頌般若経』にのみ見える。

そこで『二万五千頌般若経』（『丹珠爾』所収本）では、『十万頌般若経』に相当する玄奘訳「初分」でこの一節に続く「須菩提、仏に白《もう》して言さく。甚《はなは》だ奇なり世尊、善く菩薩摩訶薩衆の為に、此の般若波羅蜜に於いて著無著《じゃくむじゃく》の相を開示し分別したまうと」を(4)相当の経文としているが、これにはかなりの無理がある。

つぎの(5)能退治の基智、(6)所退治の基智も、「七十義」では二義となっているが、『二万五千頌般若経』の経文上は一つにまとめられている。ここで(5)と(6)が説かれた理由は、般若に遠い二乗の基智を、般若に近い大乗の基智に転換させるためである。

『二万五千頌般若経』の、

「須菩提言さく。舎利弗《しゃりほつ》、大乗に住する善男子善女人等、若し方便善巧無くして、色《しき》に於いて空《くう》なりと謂《い》い空想を起して著し、受想行識《じゅそうぎょうしき》に於いて空なりと謂い空想を起して著し、個別和合《わごう》の蘊界処《うんかいしょ》と（十二）因縁の各支に於いて空なりと謂い空想を起して著し、布施波羅蜜に於いて空なりと謂い空想を起して著し、（中略）一切智に於いて空なりと謂い空想を起して著す」

がこれを説いた経文とされている。なおこの経文は梵本とチベット訳にあるが、漢訳では鳩摩羅什訳『大品《だいぼん》般若経』・玄奘訳『大般若波羅蜜多経』「第二分」ともになく、「初分」にのみある。

このように⑸能退治と⑹所退治を聞き、思った後に、これを修しなければならないから、⑺基智の加行と⑻基智の加行の平等性が説かれた。⑺基智の加行は、さらに①色等、②無常等、③円満不円満、④著無著、⑤不変異、⑥無作者《むさしゃ》、⑦難事《なんじ》、⑧果の不虚《ふこ》、⑨他縁、⑩七種神通の十種に分けられる。

そしてこれらの加行は、平等性という点から修される必要があるから、⑻基智の加行の平等性が説かれた。

『二万五千頌般若経』の、

「憍尸迦《きょうしか》、若し菩薩摩訶薩、般若波羅蜜を修行して、執《しゅう》して是《これ》色なりとせず、色に由《よ》らず、色を我がものとせず」

がこれを説いた経文とされている。

最後の⑼声聞乗の見道は、四諦の十六現観を中心とする。四諦とは、ブッダがサールナートで五人の比丘達に最初に説いた教説とされ、アビダルマでは、四諦の各々に、法智忍《にん》・法智・類《るい》智忍・類智の四刹那《せつな》を立てるので、四諦の理を悟る「四諦現観」には十六刹那を要するとされる。これが四諦の十六現観である。

四諦は、サールナートで五人の比丘が煩悩を断ち阿羅漢果《あらかんか》を得た教えであるから、声聞乗を代表する教説とされてきた。そこで四諦の十六現観が⑼声聞乗の見道とされたのである。

『二万五千頌般若経』によれば、仏の威神力《いじんりき》により、あらゆる天界の神々が『般若経』の説処である霊鷲山《りょうじゅせん》に参集してきた。そこでブッダは、未来に弥勒《みろく》が成道《じょうどう》する時も、賢劫《げんごう》の千仏が成道する時も、すべてこの霊鷲山で般若波羅蜜を宣説《せんぜつ》するであろうと予言する。そこで須菩提は、弥勒が成道した時、どのような般若波羅蜜を説くだろうかと質問する。これ以下の経文が、四諦の十六現観に配釈されている。

なお声聞の見道の後には、修道が説かれるべきであるが、ハリバドラは、菩薩は声聞の道を遍《へん》知《ち》しなくてはならないが、現証《げんしょう》すべきではないから、声聞の修道は説かれなかったとしている。

これでⅢ一切智の九法は終わるが、『現観荘厳論本頌』では、その後の第十六偈で、三智の総

括が説かれ、『二万五千頌般若経』にも、それに対応する経文が立てられている。（本章中の表参照）

◆まとめ

『現観荘厳論』のⅢ一切智は、大乗からは劣った教えとされた小乗の聖者、声聞・縁覚の智を扱っている。Ⅲ一切智の最後に、四諦の十六現観を中心とする声聞の見道が説かれたのは、そのためである。しかし『二万五千頌般若経』は、声聞・縁覚も般若波羅蜜を学ぶべきであると説いている。そこでⅢ一切智では、大乗の立場からする一切智の解釈が説かれることになった。

なおⅢ一切智に関しては、『現観荘厳論』と『二万五千頌般若経』のネパール系梵本やチベット訳（『丹珠爾』所収本）、鳩摩羅什・玄奘の漢訳との間に不一致があり、それがこの部分を難解なものとしていた。今回は玄奘訳『大般若波羅蜜多経』「初分」から、欠文を補足することにより、『現観荘厳論』との関係が理解できるように配慮した。

なお本章で、三智を明らかにした第一部の解説が終わったので、次章からは四加行を説く第二部を取り上げることにしたい。

Ⅳ　一切相現等覚

第11章 一切《いっさい》相《そう》現《げん》等《とう》覚《がく》の行《ぎょう》相《そう》

前章では、『現観荘厳論』「八章七十義」の体系において、「三智」の第三に相当するⅢ一切智を取り上げたが、いよいよ本章からは「四加行《しけぎょう》」のⅣ一切相現等覚について見ることにしたい。

◆『現観荘厳論』における一切相現等覚の行相の位置づけ

本書第2章で見たように、チベットの般若学では、『現観荘厳論』の八章が、Ⅰ一切相智／Ⅱ道種智／Ⅲ一切智の三智を明らかにした第一部と、Ⅳ一切相現等覚／Ⅴ頂現観／Ⅵ漸現観／Ⅶ一刹那現等覚の四加行を説いた第二部、そしてⅧ法身を説いた第三部の三つにまとめられ、この三部が、「基礎・道・果」（シ・ラム・デー）という、チベット仏教の伝統的概念に基づいて解釈される。

このうち第二部に相当する四加行は、Ⅳ一切相現等覚とⅤ頂現

	因果
	因
	果
	因
	果

観が「依処《えしょ》」（ワンドゥチャヤワ）、Ⅵ漸現観とⅦ一刹那現等覚が「堅《けん》固《ご》」（テンパ）と呼ばれ、これに因果を立てるので四加行になるとされるが、このうちⅣ一切相現等覚は「依処」の因と位置づけられている。（下・表1参照）

「一切相現等覚」は、さらに(1)一切相現等覚の行相、(2)加行、(3)加行の徳、(4)加行の失、(5)加行の相、(6)順解脱分《じゅんげだつぶん》、(7)順決《じゅんけっ》択分《ちゃくぶん》、(8)不退菩薩の相、(9)輪廻と涅槃の平等、(10)仏国土清浄、(11)善巧方便《ぜんぎょうほうべん》の十一義に分けられる。そしてこれらは、「七十義」では第31から第41までに相当する。

◆『二万五千頌般若経』における一切相現等覚

『二万五千頌般若経』において『現観荘厳論』のⅣ一切相現等覚に対応する部分は、ネパールに伝存するサンスクリット原典では、木村高尉氏の校訂テキストの第四分冊の全部、二〇一頁を占

表1 『現観荘厳論』四加行の次第

	主題
Ⅳ一切相現等覚 rnam pa kun mṅon par rdzogs par rtogs pa	依処
Ⅴ頂現観 rtse mo'i mṅon par rtogs pa	dbaṅ du bya ba
Ⅵ漸現観 mthar gyis pa'i mṅon par rtogs pa	堅固
Ⅶ一刹那現等覚 skad cig ma gcig gis mṅon par rtogs pa	brtan pa

めている。またチベット訳（中国蔵学研究中心編『丹珠爾《タンジュル》』所収本）でも、第五〇巻と第五一巻にまたがる四三五頁を占めている。

いっぽう『二万五千頌般若経』に相当する玄奘訳『大般若波羅蜜多経』「第二分」では「不可《ふか》得品《とくほん》」第四十二から「習近品《じゅうごん》」第五十九までに対応するとされる。しかし、これまでも再三述べてきたように、漢訳の章節の分かち方は、『現観荘厳論』に基づく解釈学とは必ずしも一致しない。

◆『二万五千頌般若経』における一切相現等覚の行相

このうち本章で取り上げる「一切相現等覚の行相」は、Ⅳ一切相現等覚の⑴に相当し、「七十義」では第31に相当する。タルマリンチェンの『ナムシェー・ニンポギェン』や、セラ・ジェプツンの『七十義』では、この部分の解説が、Ⅳの前半つまり⑴から⑸までの約半分を占めており、もっとも重要なトピックと考えられていたことが分かる。

『二万五千頌般若経』において⑴一切相現等覚の行相に対応する部分は、ネパールに伝存するサンスクリット原典では、木村高尉氏の校訂テキストの第四分冊の冒頭、わずか八頁に過ぎない。またチベット訳（中国蔵学研究中心編『丹珠爾』所収本）では、第五〇巻の一二三四から一二四八頁までの一四頁である。このように教理的には重要でも、対応する『二万五千頌般若経』の経文は短いという例は他にも見られる。

いっぽう『二万五千頌般若経』に相当する玄奘訳『大般若波羅蜜多経』「第二分」では「不可得品」第四十二に対応する。漢訳の章節の分かち方は、『現観荘厳論』に基づく解釈学とは必ずしも一致しないが、ここでは漢訳の章節と『現観荘厳論』の一義が完全に一致している。ただし、そこに説かれる教理命題の次第は、『現観荘厳論』の所説と完全には一致しない。

またサンスクリット原典、チベット訳（『丹珠爾』所収本）、漢訳（玄奘訳）の三者の内容には、大きな差異はない。したがって一切相現等覚の行相は、「不可得品」に説かれる教理命題の配列に基づいて構成されたものと思われる。

◆一切相現等覚を説く理由

なおⅣ一切相現等覚は、チベットの般若学で重視されるトピックの一つである。その中でも(1)一切相現等覚の行相は、Ⅳ一切相現等覚を構成する一七三行相を、はじめて提示する部分として重要な意味をもっている。

ハリバドラの『現観荘厳論小註』は、Ⅳ一切相現等覚の冒頭で、この章が説かれた理由を、つぎのように述べている。

「第一部で明らかにされたⅠ一切相智／Ⅱ道種智／Ⅲ一切智の三種の一切智を我がものとするため、ふたたび一切相・道（種）・基智を一まとめにして、三種の一切智を修習《しゅじゅう》するために、一切相現等覚が説かれた」

なおここでは、声聞《しょうもん》・縁覚《えんがく》（独覚《どっかく》）の智である一切智が基智（ヴァストゥ・ジュニャーナ）と呼ばれている。この一節では、三智を総合した一切智と、声聞・縁覚の智である一切智との混同を避けるため、声聞・縁覚の一切智を基智と呼んだのだが、チベットの般若学では、この用語が混同を避けるために都合が良く、さらに三智を「基礎・道・果」に配釈した場合、一切智が「基礎」に相当するため、もっぱら使用されることになった。そして、これら三種の一切智を修習する方法は、止観双修《しかんそうしゅう》の瑜伽《ゆが》（ヨーガ）によると説かれている。

◆一切相現等覚の一七三行相

そして以下では、一切相現等覚の行相が、この三智の次第にしたがって説かれている。

まず『二万五千頌般若経』第四部の冒頭に、

「爾《そ》の時須菩提《しゅぼだい》、仏に白《もう》して言《もう》さく。世尊《せそん》、是の如き般若波羅蜜は是れ非有《ひう》波羅蜜なりと。

仏言《のたま》わく、虚空《こくう》の非有なるが故にと」

が一七三行相の1非有に相当し、つぎの、

「世尊、是の如き般若波羅蜜は是れ平等《びょうどう》波羅蜜なりと。仏言わく、一切の法性《ほっしょう》の平等なるを以ての故にと」

が2不生《ふしょう》に、また、

「世尊、是の如き般若波羅蜜は是れ遠離《おんり》波羅蜜なりと。仏言わく、畢竟空《ひっきょうくう》なるが故にと」

が3遠離に、さらに、

「世尊、是の如き般若波羅蜜は是れ難屈服《なんくっぷく》波羅蜜なりと。仏言わく、一切の法性不可得なるが故にと」

が4難屈服を説いたものとされる。以上、四つの行相は、四諦《したい》の苦諦《くたい》に相当するといわれる。このように一切智（基智）に配当される行相は、苦集滅道《くじゅうめつどう》の四諦に分類され、苦諦・集諦《じったい》・滅諦《めったい》には、それぞれ四行相ずつ、道諦《どうたい》は、さらに三つに分けられ、一五行相が配当されている。そこで基智相当の行相の総数は、二七となる。

つぎに、

「世尊、是の如き般若波羅蜜は是れ離染濁《りぜんじょく》波羅蜜なりと。仏言わく、一切法虚妄《こもう》ならずと覚《さと》るが故にと」

が、道種智の最初の行相である28離染濁に相当し、これ以後、道種智相当の行相は、集諦・道諦・苦諦・滅諦に分類され、都合三六行相が配当されている。ここで通常と四諦の順序が異なるのは、集諦は苦諦の因であり、道諦は滅諦の因であるからとされている。なお滅諦相当の行相には、『般若経』所説の十六空が配当されている。

さらに、

「世尊、是の如き般若波羅蜜は是れ四念処《しねんじょ》波羅蜜なりと。仏言わく、身受心法不可得なるが故にと」

が、一切相智の最初の行相である64身《しん》念処、65受《じゅ》念処、66心《しん》念処、67法《ほう》念処に相当し、これ以後、一切相智の行相は、さらに声聞（基智）・菩薩（道種智）・仏（一切相智）に分けられる。

そして声聞には、①四念処、②四正断《ししょうだん》、③四神足《しじんそく》、④五根《ごこん》、⑤五力《ごりき》、⑥七覚支《しちかくし》、⑦八聖道《はっしょうどう》の七科からなる三十七菩提分法、都合三七行相が配当されている。なお三十七菩提分法は、原始仏教から、その基本的な修道論とされてきた。これが声聞乗に相当する一切智（基智）に配当されるのは理解できる。

いっぽう菩薩には、①三解脱門、②八解脱（背捨《はいしゃ》）、③九次第定、④四諦、⑤十波羅蜜の都合三

表2　一切相現等覚の173行相

三智			行相
一切智(基智)	苦諦		1.非有 2.不生 3.遠離 4.難屈伏
	集諦		5.無住 6.虚空 7.無説 8.無名
	滅諦		9.無行 10.無奪 11.無盡 12.無起
	道諦	第一	13.無作者 14.無智者 15.無転変 16.無化導
		第二	17.夢 18.山彦 19.光影 20.陽炎 21.幻
		第三	22.無煩悩 23.無浄 24.無染 25.無戯論 26.無念 27.無動
道種智	集諦		28.離染濁 29.無等起 30.寂 31.無貪 32.無瞋 33.無痴 34.無煩悩 35.無衆生
	道諦		36.無量 37.二辺不随行 38.無差別 39.無取著 40.無分別 41.不可量 42.無著
	苦諦		43.無常 44.苦 45.空 46.無我 47.無相
	滅諦	滅行相	48.内空 49.外空 50.内外空
		静行相	51.空空 52.大空 53.勝義空 54.有為空 55.無為空 56.畢竟空 57.無際空 58.散空
		妙行相	59.本性空
		離行相	60.一切法空 61.自性空 62.無性空
		離の滅	63.無性自性空
一切相智	声聞	四念処	64.身念処 65.受念処 66.心念処 67.法念処
		四正断	68.不善 69.善 70.生 71.不生
		四神足	72.喜 73.精進 74.心 75.観察
		五根	76.信 77.勤 78.念 79.定 80.慧
		五力	81.信 82.勤 83.念 84.定 85.慧
		七覚支	86.念 87.択法 88.忍 89.喜 90.軽安 91.定 92.捨
		八聖道	93.正見 94.正思惟 95.正語 96.正業 97.正命 98.正精進 99.正念 100.正定
	菩薩	三解脱門	101.空 102.無相 103.無願
		八解脱	104.内有色想観外色 105.内無色想観外色 106.淨解脱 107.空無辺処 108.識無辺処 109.無所有処 110.非想非非想処 111.滅盡定
		九次第定	112.初禅 113.二禅 114.三禅 115.四禅 116.空無辺処 117.識無辺処 118.無所有処 119.非想非非想処 120.滅盡定
		四諦	121.苦 122.集 123.滅 124.道
		十波羅蜜	125.布施 126.戒 127.忍 128.精進 129.禅 130.般若 131.方便 132.願 133.力 134.智
	仏	十力	135.是処非是処智力 136.業報智力 137.禅定解脱三昧智力 138.上下根智力 139.種々欲智力 140.種々性智力 141.一切至処道智力 142.宿命智力 143.生死智力 144.漏盡智力
		四無畏	145.一切智無所畏 146.漏盡無所畏 147.説障道無所畏 148.説盡苦道無所畏
		四無礙	149.法無礙 150.義無礙 151.詞無礙 152.弁才無礙
		十八不共仏法	153.身無失 154.口無失 155.念無失 156.無異想 157.無不定心 158.無不知已捨 159.欲無滅 160.精進無滅 161.念無滅 162.慧無滅 163.解脱無滅 164.解脱知見無滅 165.一切身業随智慧行 166.一切口行随智慧行 167.一切意業随智慧行 168.智慧知過去世無碍 169.智慧知未来世無碍 170.智慧知現在世無碍
		三仏性	171. 如実説一切法 172.一切法自在転 173.一切相現等覚

四行相が配当されている。

そして最後の仏（一切相智）には①十力、②四無畏《むい》、③四無礙《むげ》、④十八不共《ふぐ》仏法、⑤三仏性《ぶっしょう》の都合三九行相が配当されている。

そこで一切相智に配当される行相は、合計で一一〇となり、これに一切智・道種智に配当される行相を加えると、一切相現等覚の行相の総計は、一七三となる。なお一切相現等覚の一七三行相について、一々説明することは煩雑《はんざつ》になる。そこで一七三行相の内訳については表2（前頁）、『二万五千頌般若経』との対応については表3（下）を制作した。詳しくは付表を見られたい。

◆まとめ

『現観荘厳論』に基づくチベットの般若学は、『般

表3　一切相現等覚の構成

『二万五千頌般若経』 木村校訂梵本	『二万五千頌般若経』 チベット訳『丹珠爾』	行相の数	
1-1～3-3	Vol.50-1234-2～1238-2	27	
3-4～6-2	1238-3～1243-14	36	
6-3～6-20	1243-14～1244-16	110	
			37
6-21～7-25	1244-16～1247-2		34
7-26～8-11	1247-3～1248-6		39

若経』の経文を菩薩の修道階梯《しゅどうかいてい》と結びつけて解釈するという特徴をもっている。菩薩の修道階梯を説く四加行の最初に置かれた一切相現等覚の一七三行相は、その修習対象である三智を、まとめて提示する部分であり、古来からチベットの般若学でも、最も重要な箇所の一つに数えられてきた。

そこで本書でも、この部分は「七十義」の一トピックに過ぎないが、とくに一章を宛てて詳しく解説することにした。

なおここで提示された一七三行相をもつ一切相現等覚を、どのように修習するかという問題は、Ⅳ一切相現等覚の前半の残りの部分、つまり(2)加行、(3)加行の徳、(4)加行の失、(5)加行の相で扱われることになる。これらについては、次章以後で詳しく解説することにしたい。

『現観荘厳論』「七十義」［31］	三智への配当	
(1)一切相現等覚の行相	1. 一切智（基智）	
	2. 道種智	
	3. 一切相智	
		A 声聞
		B 菩薩
		C 仏

第12章

一切相現等覚の加行《いっさいそうげんとうがくのけぎょう》

前章では、『現観荘厳論』の「四加行」の第一に相当するⅣ一切相現等覚の冒頭に説かれる(1)一切相現等覚の行相を解説したが、本章ではその(2)一切相現等覚の加行について見ることにしたい。(2)一切相現等覚の加行も、前回の(1)一切相現等覚の行相同様、重要なトピックを含んでいるので、一章で一義を扱うこととし、(3)加行の徳以下は次章に回すことにした。一切相現等覚の加行は、「七十義」では第32に相当する。

◆『二万五千頌《じゅ》般若経』における一切相現等覚の加行

『二万五千頌般若経』において『現観荘厳論』のⅣの(2)一切相現等覚の加行に対応する部分は、ネパールに伝存するサンスクリット原典では、木村高尉氏の校訂テキストの第四分冊の八頁から二五頁までを占めている。またチベット訳（中国蔵学研究中心編『丹珠爾《タンジュル》』所収本）では、第五〇巻の一二四八から一二八八頁までの四一頁に相当する。

いっぽう『二万五千頌般若経』に対応する玄奘訳『大般若波羅蜜多経』「第二分」では「東北方品《とうほっぽうほん》」第四十三の前半部分に対応する。漢訳の章節の分かち方は、『現観荘厳論』に基づく解釈学とは必ずしも一致しないが、ここでは『現観荘厳論』の⑵加行と⑶加行の徳の二義が、「東北方品」第四十三に一致している。

◆加行者と加行

なおⅣ一切相現等覚の⑵加行は、さらに加行者と加行に分けられる。なお加行者は、『現観荘厳論本頌』でも第四章第六偈《げ》・第七偈の二偈を占めており、一義として別立させてもよいトピックであるが、伝統的に⑵加行の中に含められている。

ここでまず加行者を説いたのは、⑴で一切相現等覚の一七三行相を説いても、それを修行する者がいなくては、行相を修するための個別の加行を説く意味がないからとされている。

◆四種の加行者

『二万五千頌般若経』のⅣ一切相現等覚⑵加行相当部分の冒頭には、次のように説かれている。

「時に天帝釈《てんたいしゃく》是の念を作《な》して言《もう》さく、若《も》し善男子善女人《ぜんなんしぜんにょにん》等、般若波羅蜜甚深《じんじん》経典法門の名字を、一経なりとも耳にせば、是の善男子善女人等は、已《すで》に過去無量の如来正等覚に親近《しんごん》供養し、弘く誓願を発《おこ》し、諸の善根《ぜんごん》を種《う》え、多くの善知識の摂受《しょうじゅ》するところとなれり。況《いわ》んや能《よ》く書写《しょしゃ》し受持《じゅじ》し読誦《どくじゅ》し、理の如く思惟し、他の為に演説し、或いは能く力に随《したが》って説の如く修行するにおいておや」（以下略）

そしてチベットの般若学では、この経文が、一切相現等覚の加行者を説いたものとされている。そして『現観荘厳論本頌』は、そのような加行者を①過去と現在の諸仏を恭敬《くぎょう》し善根を植えた者、②身等の（三）業によって諸仏を喜ばせた者、③諸仏に疑問の点を請問《しょうもん》した者、④請問した義を修して布施等の波羅蜜を成就した者の四種に分類し、それらがそれぞれ『般若経』の①聴聞、②摂受、③義を忘失しない、④如理作意《にょりさい》に相応《ふさわ》しい器と説いている。（下・表1参照）

◆加行の二十相

そして以下では、一切相現等覚の加行が、二十相によって説か

	現世の果報
	『般若経』の経文の聴聞
	『般若経』の経文の摂受
	『般若経』の義を忘失しない
	『般若経』の如理作意

れている。『二万五千頌般若経』に、

「諸の菩薩摩訶薩、般若波羅蜜を行ずる時、色《しき》に住せず。若し色に住せざれば、是を色に住すと為《な》す」

という経文が、二十相の①色等に不住を明かしたものとされ、

「菩薩摩訶薩は色を修すべからず。若し色を修せざれば、色を修すとなす」

という経文が、②非修の瑜伽《ゆが》を明かしたものとされている。

同様にして「舎利弗《しゃりほつ》、色真如甚深《じんじん》なるが故に、般若波羅蜜多甚深なり」が、③甚深、「舎利弗、色は測量し難きが故に、般若波羅蜜測量す可《べ》きこと難し」が、④難可測量に、「舎利弗よ。色は無量なるが故に、般若波羅蜜無量なり」が、⑤無量を説いたものとされている。

そしてこれらの五相は、初発心《しょほっしん》から十地《じゅうじ》まで、菩薩のすべての修行段階に当てはまるから「自性《じしょう》の加行」（ランシンギ・ジョルワ）と呼ばれる。

表１　『現観荘厳論』一切相現等覚の加行者

	過去の善業
四種の加行者	①過去と現在の諸仏を恭敬し善根を植えた
	②身等の（三）業によって諸仏を喜ばせた
	③諸仏に疑問の点を請問した
	④請問した義を修して布施等の波羅蜜を成就した

これに対して⑥艱難《かんなん》の後に悟る以下の十五相は、菩薩の特定の修行段階に当てはまるので「随《ずい》時《じ》の加行」（ネーカプキ・ジョルワ）と呼ばれる。

まず『二万五千頌般若経』に、

「世尊、この般若波羅蜜を、新学の大乗の菩薩の前に在りて説くべからず。是の如き甚深般若波羅蜜を聞けば、その心驚惶恐怖《きょうおうくふ》せんがためなり」

が、⑥艱難の後に悟るを説いた経文で、これは資糧道の鈍根《どんこん》の菩薩に対応するとされている。

そして菩薩が煗《なん》位に至ると、法性《ほっしょう》を明確に認識できるようになり、仏から未来の成仏を保証される。これが加行の二十相の⑦授記《じゅき》を得るである。『二万五千頌般若経』に、

「憍尸迦《きょうしか》（帝釈天の本名）、若し菩薩摩訶薩、是の如き甚深の般若波羅蜜多を聞きて、其の心驚かず恐れず怖《おのの》かずんば當《まさ》に知るべし、この菩薩摩訶薩は已《すで》に無上大菩提の記を受けたりと」

とあるのが、これに相当するとされている。

そしてこれ以後、『二万五千頌般若経』の経文に随って、⑧不退転《ふたいてん》、⑨出離《しゅつり》、⑩無間《むけん》、⑪現等覚への親近《しんごん》、⑫速やかなる現等覚、⑬利他、⑭不増不減《ふぞうふげん》、⑮法非法等の不見、⑯色不思議等の不見、⑰無分別、⑱果宝の施与、⑲浄化、⑳究竟《くきょう》の二十相が配当されている。

そこで一切相現等覚の加行は、自性の加行が五相、随時の加行が十五相、合計二十相となる。

表２　『現観荘厳論』Ⅳ一切相現等覚の⑵加行の構成

『現観荘厳論』七十義 [32]		加行の二十相	『二万五千頌般若経』 木村校訂梵本	『二万五千頌般若経』 チベット訳『丹珠爾』版
(2)一切相現等覚の加行				
	自性の加行	①色等に不住	11-19～12-26	Vol.50-1254-20～1257-18
		②非修の瑜伽	12-27～13-12	1258-19～1259-14
		③甚深	13-13～13-22; 14-9～14-20	1259-15～1260-11;1262-4～1263-3
		④難可測量	13-23～13-32; 14-21～14-30	1260-12～1261-8; 1263-4～1263-20
		⑤無量	14-1～14-8; 14-31～15-9	1261-9～1262-3; 1264-1～1264-17
	随時の加行	⑥艱難の後に悟る	15-10～15-28	1264-17～1265-20
		⑦授記を得る	15-29～16-23	1266-1～1267-17
		⑧不退転	16-24～17-4	1267-18～1268-14
		⑨出離	17-5～17-26	1268-15～1270-1
		⑩無間	17-27～18-22	1270-2～1271-16
		⑪現等覚への親近	18-23～19-13	1271-17～1273-2
		⑫速やかなる現等覚	19-14～19-30	1273-3～1274-4
		⑬利他	19-31～21-19	1274-5～1277-12
		⑭不増不減	21-20～22-15	1277-13～1279-18
		⑮法非法等の不見	22-16～22-30	1279-19～1280-21
		⑯色不思議等の不見	22-31～23-16	1281-1～1282-16
		⑰無分別	23-17～24-25	1282-17～1286-3
		⑱果宝の施与	24-26～24-29	1286-4～1286-10
		⑲浄化	24-30～25-5	1286-11～1287-5
		⑳究竟	25-6～7-25	1287-6～1288-19

なおこれら加行の二十相について、一々説明することは煩雑になるので、その内容と『二万五千頌般若経』との対応を示した表を制作した。詳しくは表2（前頁）を見られたい。

◆まとめ

『現観荘厳論』に基づくチベットの般若学は、『般若経』の経文を菩薩の修道階梯と結びつけて解釈するという特徴をもっている。今回取り上げた(2)加行は、前節で説かれた一切相現等覚の一七三行相の修習次第を提示する部分である。このうち「自性の加行」は、菩薩の修行の全段階に共通するものだが、「随時の修行」は、菩薩の特定の修道階梯に対応するものと考えられている。ところが『現観荘厳論本頌』には、加行の二十相を、前半の五相と後半の十五相に分ける解釈は見受けられるが、後半の十五相が、菩薩の修道階梯のどれに相当するのかまでは説いていない。そこでこの部分の解釈については、インド・チベットの学者の間にも、意見の不一致が認められる。本稿では、主としてヤクトゥン・サンギェーペルの『現観荘厳論註』と、タルマリンチェンの『ナムシェー・ニンポギェン』に基づいて解説したが、他にも異なった解釈があることは注記しておきたい。

なおⅣ一切相現等覚の残余の部分については、次章以降で解説することにしたい。

第13章 加《け》行《ぎょう》の徳《とく》と失《しつ》

前章では、「四加行《しけぎょう》」の第一に相当するⅣ一切相現等覚《いっさいそうげんとうがく》の(2)加行を解説したが、本章ではⅣ一切相現等覚の(3)加行の徳、(4)加行の失の二義を解説することにした。「加行の徳」と「加行の失」は、『現観荘厳論』「七十義」では第33と第34に相当する。

◆『二万五千頌《じゅ》般若経』における加行の徳と失

『二万五千頌般若経』において『現観荘厳論』のⅣの(3)と(4)に対応する部分は、ネパールに伝存するサンスクリット原典では、木村高尉氏の校訂テキストの第四分冊の二六頁から五八頁までを占めている。またチベット訳（中国蔵学研究中心編『丹珠爾』所収本）では、第五〇巻の一二八八から一三五六頁までの六九頁に相当する。

いっぽう『二万五千頌般若経』に対応する玄奘訳『大般若波羅蜜多経』「第二分」では(3)加行

の徳が「東北方品《とうほっぽうほん》」第四三の後半部分、(4)加行の失が「魔事品《まじ》」第四四「不和合品《ふわごう》」第四五の全部と「仏母品《ぶつも》」第四六の冒頭部分までに対応する。このように漢訳の章節の分かち方は、『現観荘厳論』に基づく解釈学とは必ずしも一致しない。（左・表1参照）

◆一四種の加行の徳

それでは今回取り上げる二つのトピックについて、順を追って見ることにしよう。

まず(3)加行の徳には、①悪魔の力の制伏《せいぶく》、②仏の憶《おく》念《ねん》、③仏の現前《げんぜん》、④正等覚への親近《しんごん》、⑤大義利性《だいぎりしょう》、⑥方角の説明、⑦一切無漏功徳《いっさいむろくどく》の円満、⑧話者性《わしゃしょう》、⑨不壊性《ふえしょう》、⑩不共《ふぐ》の善根《ぜんごん》の生起《しょうき》、⑪誓願を所期の通りに成就《じょうじゅ》すること、⑫広大なる果《か》の摂取《しょうじゅ》、⑬衆生利益《しゅじょうりやく》の成就、⑭決定《けつじょう》の獲得の一四種があるとされる。

『現観荘厳論』は、これら一四種の名を列挙するのみなので、内容が理解しにくいが、その意味は『二万五千頌般若経』の経文と対照することで、明らかになる。ま

	漢訳（玄奘訳）
	「東北方品」（212a6～215c6）
	「魔事品」（215c7～218b11）
	「不和合品」（218b12～224b29）
	「仏母品」（224c1～225b5）

ず、

「舎利弗《しゃりほつ》、是《こ》れ仏の神力《じんりき》もて彼《か》の悪魔をして、諸《もろもろ》の菩薩摩訶薩《ぼさつまかさつ》の甚深《じんじん》般若波羅蜜を、書写《しょしゃ》し受持《じゅじ》読誦《どくじゅ》し修習《しゅじゅう》思惟《しゆい》することに留難《るなん》すること能《あた》わざらしむ」

が①悪魔の力の制伏に相当する。

これ以後、名目のみでは理解しがたい、いくつかのトピックについて見ると、⑥方角の説明は、

「甚深般若波羅蜜は、我が滅度《めつど》の後、東南方に至り當《まさ》に漸《ようや》く興盛すべし」

以下の有名な『般若経』の流布に関する授記に相当する。

⑧話者性は、

「舎利弗、我れ彼の諸の善男子《ぜんなんし》善女人《ぜんにょにん》等の為に、常に一切相智相応《そうおう》の法を説き、過去の如来応供《おうぐ》正等覚も亦《ま》た彼の諸の善男子善女人等の為に、一切相智相応の法を説く。此《こ》の因縁《いんねん》に由《よ》りて彼の善男子善女人

表１　『現観荘厳論』「加行の徳」と「加行の失」の構成

『現観荘厳論』七十義	『二万五千頌般若経』	
[33]-[34]	木村校訂梵本	チベット訳『丹珠爾』
(3)加行の徳	26-1～34-27	Vol.50-1288-20～1306-14
(4)加行の失	34-28～43-27	1306-15～1325-16
	43-28～56-29	1325-17～1352-20
	56-29～58-13	1352-21～1356-9

等は、後生《ごしょう》も復《ま》た能く求めて無上正等菩提《むじょうしょうとうぼだい》に趣き、亦た能く他の為に法を説きて趣《おもむ》かしむ」

という一節に相当する。さらに最後の⑭決定の獲得は、

「舎利弗、彼の善男子善女人等は、無上正等菩提を求めんが為に、諸の衆生を勧導讃励《かんどうさんれい》して、此の六波羅蜜相応の経典に於いて、受持読誦し思惟せしむ。この善根に由りて命終《みょうじゅう》の後も、常に此の六波羅蜜を得て仏土を厳浄《ごんじょう》し衆生を成熟《じょうじゅく》し、無上正等菩提を証せざるの間、教えの如く六波羅蜜を修行し、精進暫《しばら》くも廃せず」

という一節に相当する。

◆四六種の加行の失

つぎの⑷加行の失には、①艱難辛苦《かんなんしんく》して得る事、②過度な弁才《べんざい》の迅速《じんそく》、③身の汚辱《おじょく》、④心の汚辱、⑤不道理によってなされた暗誦《あんしょう》等、⑥外面的相への執取《しゅうしゅ》、⑦因《いん》に関する迷乱、⑧所望の著味《じゃくみ》の迷乱、⑨最上乗《さいじょうじょう》に執着する迷乱、⑩常に説示することに関する迷乱、⑪因果の結合に関する迷乱、⑫無上の境地に関する迷乱、⑬多種の対境を分別する弁才の生起、⑭書写への執着という障碍《しょうげ》、⑮無への執着という障碍、⑯文字を般若波羅蜜であると執着する障碍、⑰般若波羅蜜は無文字であるという執着の障碍、⑱国土等の作意という障碍、⑲所得《しょとく》と供養と偈《げ》への味《み》

表2　加行の46種の失

『二万五千頌般若経』	チベット訳
1.kṛcchraprāpti	1.tshegs chen pos 'thob pa
2.atyāśupratibhānatā	2.spobs pa ha caṅ myur ches pa
3.kāyavikāradauṣṭhulya	3.lus kyi rnam par 'gyur ba'i gnas ṅan len
4.cittadauṣṭhulya	4.sems kyi gnas ṅan len
5.ayogavihitasvādhyāyāditā	5.rigs pa ma yin pas bskyed pa'i kha ton la sogs pa
6.vaimukhyanimittagrāhitā	6.phyir phyogs pa'i rgyu mtshan 'dzin pa
7.hetubhraṃśa	7.rgyu las ñams pa
8.praṇītāsvādabhraṃśa	8.gya nom pa'i ro myoṅ ba las ñams pa
9.uttamayānabhraṃśa	9.theg pa mchog las ñams pa
10.uddeśabhraṃśa	10.ched du bya ba las ñams pa
11.hetuphalasasaṃbandhabhraṃśa	11.rgyu daṅ 'bras bu 'brel ba las ñams pa
12.niruttarapadabhraṃśa	12.goṅ na med pa'i gnas las ñams pa
13.bahuvidhaviṣayavikalpapratibhānotpāda	13.yul rnam pa maṅ po la rnam par rtog pa'i spobs pa 'byuṅ ba
14.likhanābhiniveśāntarāya	14.yi ge 'dri ba la mṅon par źen pa
15.abhāvābhiniveśāntarāya	15.dṅos po med pa la mṅon par źen pa
16.lipyakṣareṣu prajñāpāramitābhiniveśāntarāya	16.bris pa'i yi ge la śes rab kyi pha rol tu phyin par mṅon par źen pa
17.prajñāpāramitāyām anakṣarābhiniveśāntarāya	17.śes rab kyi pha rol tu phyin pa'i yi ge med pa la mṅon par źen pa
18.janapadādimanasikārāntarāya	18.yul la sogs pa yid la byed pa
19.lābhasatkāraślokāsvādāntarāya	19.rñed pa daṅ bkur sti daṅ tshigs su bcad pa'i ro myoṅ ba
20.amārgeṇopāyakauśalamārgaṇāntarāya	20.lam ma yin pas thabs mkhas pa tshol ba
21.chandakilāsavaidhurya	21.'dun pa daṅ sñom las kyis ñams pa
22.chandabhedaviṣayavaidhurya	22.'dun pa'i yul tha dad pas ñams pa
23.lābhagauravālpecchatāvaidhurya	23.rñed pa daṅ bkur sti daṅ 'dod pa che ba daṅ 'dod pa chuṅ ba ñid kyi tshogs pa daṅ ldan pa
24.dhūtaguṇayogāyogavaidhurya	24.sbyaṅs ba'i yon tan daṅ ldan pa daṅ mi ldan pas tshogs pa daṅ ldan pa
25.kalyāṇākalyāṇakāmatvavaidhurya	25.dge ba daṅ mi dge ba ma yin pa'i chos ñid kyi tshogs pa daṅ ldan pa
26.tyāgamātsaryavaidhurya	26.gtoṅ ba daṅ ser sna byed pas tshogs pa daṅ ldan pa
27.dānagrahaṇavaidhurya	27.gtoṅ ba daṅ mi len pas tshogs pa daṅ ldan pa
28.udghaṭitajñavipañcitajñatāvaidhurya	28.mgo smos pas go ba daṅ rnam par spros pas go bas tshogs pa daṅ ldan pa
29.sūtrādidharmābhijñānabhijñatāvaidhurya	29.mdo la sogs pa'i chos śes pa daṅ mi śes pas tshogs pa daṅ ldan pa
30.ṣaṭpāramitāsamanvāgamāsamanvāgamavaidhurya	30.pha rol tu phyin pa drug daṅ ldan pa daṅ mi ldan pas tshogs pa daṅ ldan pa
31.upāyānupāyakauśalavaidhurya	31.thabs la mkhas pa daṅ thabs la mi mkhas pas tshogs pa daṅ ldan pa
32.dhāraṇīpratilambhāpratilambhavaidhurya	32.gzuṅs thob pa daṅ gzuṅs ma thob pas tshogs pa daṅ ldan pa
33.likhitukāmatāvaidhurya	33.yi ge bri bar 'dod pa daṅ bri bar mi 'dod pas tshogs pa daṅ ldan pa
34.vigatāvigatakāmacchandādivaidhurya	34.'dod pa la 'dun pa la sogs pa daṅ bral ba daṅ ma bral bas tshogs pa daṅ ldan pa
35.apāyagativaimukhya	35.ṅan 'gror 'gro ba la phyir phyogs pa
36.sugatigamanasaumanasya	36.bde 'gro 'gro ba la legs par phyogs pa
37.ekākiparṣadavacaratvavaidhurya	37.gcig pu ñid daṅ 'khor la dga' ba ñid kyi tshogs pa daṅ ldan pa
38.anubandhikāmo 'navakāśadānatvavaidhurya	38.rjes su 'bral bar 'dod pa ñid daṅ go skabs mi 'byed pas tshogs pa daṅ ldan pa
39.āmiṣakiñcitkatadadātukāmatvavaidhurya	39.zaṅ ziṅ cuṅ zad 'dod pa daṅ de sbyin par mi 'dod pa ñid kyi tshogs pa daṅ ldan pa
40.jīvitāntarāyānantarāyadiggamanāgamanavaidhurya	40.srog gi bar chad du 'gyur bar 'gro ba daṅ mi 'gro bas tshogs pa daṅ ldan pa
41.durbhikṣasubhikṣadiggamanāgamanavaidhurya	41.mu ge byuṅ ba daṅ lo legs pa'i phyogs su 'gro ba daṅ mi 'gro bas tshogs pa daṅ ldan pa
42.caurādinimittavaidhurya	42.chom rkun la sogs pa'i rgyu mtshan gyis 'gro ba daṅ mi 'gro bas tshogs pa daṅ ldan pa
43.kulavyavalokanavaidhurya	43.khyim la blta bas tshogs pa daṅ ldan pa
44.mārasya pāpīyaso bhedaprayoga	44.bdud sdig can gyis 'byed pa'i sbyor ba
45.prativarṇikopasaṃhāra	45.bcos ma ñe bar sgrub pa
46.ayathāviṣayādispṛhotpāda	46.yul la ji lta ba bźin ma yin pa la sogs pa la dga' ba bskyed pa

著《じゃく》という障碍、⑳非道によって方便善巧《ほうべんぜんぎょう》を求めるという障碍、㉑愛楽《あいぎょう》と懈怠《けたい》の不相応、㉒愛楽する個別の対境の不相応、㉓所得と恭敬《くぎょう》を強く欲するか否かの不相応、㉔頭陀《ずだ》の行不行《ぎょうふぎょう》の不相応、㉕善不善を愛する不相応、㉖布施と慳貪《けんどん》の不相応、㉗布施と受得《じゅとく》の不相応、㉘略開智《りゃくかいち》と広《こう》開智《かいち》の不相応、㉙経等の法の知と不知の不相応、㉚六波羅蜜の具足と不具足の不相応、㉛善巧方便と無方便の不相応、㉜陀羅尼《だらに》の所得と無所得の不相応、㉝文字を書かんと欲する不相応、㉞欲の喜楽《きらく》から離れんと欲する不相応、㉟悪趣《あくしゅ》に堕《だ》することを嫌悪、㊱善趣《ぜんしゅ》に赴《おもむ》くことを望む、㊲独《どく》住《じゅう》と眷属《けんぞく》を好むことの不相応、㊳不適当な布施の連続を好む不相応、㊴わずかな飲食を欲することと、それを布施しない不相応、㊵生命の危険がある地方に赴く赴かないの不相応、㊶飢饉《ききん》と豊作の地域に赴く赴かないの不相応、㊷盗賊等の相による不相応、㊸族姓《ぞくしょう》を見ることによる不相応、㊹悪魔の妨害行為、㊺相似《そうじ》の般若波羅蜜の捏造《ねつぞう》、㊻非如実境《ひにょじっきょう》を喜ぶの四六種があるとされる。（前頁・表2参照）

◆加行の失とは何か

前述の⑶加行の徳と同じく、『現観荘厳論』は、これら四六種の加行の失の名を列挙するのみなので、それのみで内容を理解することは難しい。しかしその意味は、『二万五千頌般若経』の

対応する経文を参照することで、明らかになる。『二万五千頌般若経』に、

「須菩提《しゅぼだい》、菩薩摩訶薩般若波羅蜜を修行する時、般若波羅蜜を円満すること得難《えがた》く、禅波羅蜜を円満すること得難く、（中略）布施波羅蜜を円満すること得難し。須菩提、斯の如く長《ちょう》時《じ》に辛苦して弁舌を成就するなり。是れを菩薩摩訶薩の魔事《まじ》と為《な》すと」

という経文が、加行の失の①艱難辛苦して得るを明かしたものとされ、またさらに、

「弁乃《すなわ》ち卒《にわか》に生ぜば、是れを菩薩摩訶薩の魔事と為すと」

という経文が、②過度な弁才の迅速を明かしたものとされている。


このように『二万五千頌般若経』は、修行中の菩薩に種々の異変が起こると説き、これをすべて魔事、つまり悪魔の妨害行為であると断じている。⑷加行の失の前半部分、四六種の加行の失のうち⑳非道によって方便善巧を求めるという障碍までに対応する部分が、鳩摩羅什の旧訳《くやく》『大《だい》品《ぼん》般若経』玄奘の新訳『大般若波羅蜜多経』「第二分」ともに、「魔事品」と名づけられているのはそのためである。

いっぽうチベットの般若学では、前半部分に説かれる二〇種の加行の失は、自らに依存する逆縁《ぎゃくえん》であるとしている。

これに対して『二万五千頌般若経』に、

「復《ま》た次に須菩提、能《よ》く法を聴く者は、般若波羅蜜を書写し解説《げせつ》し読誦することを愛楽《あいぎょう》するも、能く法を持《たも》つ者懈怠《けたい》ならば、當《まさ》に知るべし是を菩薩の魔事と為すと」が、㉑愛楽と懈怠の不相応に相当する。これ以後、⑷加行の失の後半部分は、鳩摩羅什の旧訳『大品般若経』では「両過品《りょうかひん》」、玄奘の新訳『大般若波羅蜜多経』「第二分」では「不和合品」と名づけられ、修行中の菩薩に、種々の二律背反の撞着《どうちゃく》が起きることを説いている。

チベットの般若学では、後半部分に説かれる二三種の加行の失は、自他の何《いず》れかに起因する順縁《じゅんえん》の不具足であるとしている。

さらに『二万五千頌般若経』に、

「須菩提、諸の悪魔有りて、比丘の像を作《な》し種々の方便を廻《めぐ》らし、此の般若波羅蜜に於いて書写し受持し修習し読誦し思惟し他の為に演説することを得ざらしむ」

が、㊹悪魔の妨害行為に相当する。

そしてこれ以後、『二万五千頌般若経』に説かれる㊺相似の般若波羅蜜の捏造、㊻非如実境を喜ぶは、何れも悪魔による加行の妨害に起因するので、チベットの般若学では、四六種の加行の失のうち、最後の三種は他に依存する逆縁であるとしている。

そこで加行の失は、「魔事品」所説の自らに依存する逆縁が二〇種、「不和合品」所説の自他の何れかに起因する順縁の不具足が二三種、最後の他に依存する逆縁が三種で、合計して四六種になるとされている。

◆まとめ

チベットの般若学の根本テキスト『現観荘厳論』は、種々のテクニカルタームを羅列するばかりで、数多いチベット仏教の古典の中でも、最も難解なテキストとされてきた。明治以後、欧米の文献学を導入して、近代的な仏教研究がはじまると、『現観荘厳論』のテキスト研究も始まったが、わが国で出版された和訳や研究書には、そのまま読んだのでは、意味が取れない箇所が多々見受けられることは事実である。

本書の「まえがき」でも記したが、このような難解さは、『現観荘厳論』を独立した論書とみなし、それが基づく『二万五千頌般若経』と切り離して読解しようとする態度に起因している。

そこで本書では、『現観荘厳論』の内容を、できるだけ『二万五千頌般若経』にまで遡《さかのぼ》って解説するように心がけた。これによって従来、難解であるとして敬遠されていたチベットの般若学が、いささかなりとも身近になったと感じられる読者が居《お》られたならば、著者としても幸いである。なおⅣ一切相現等覚の(5)加行の相《そう》については、次章で解説することにしたい。

第14章

加《け》行《ぎょう》の相《そう》

前章では、『現観荘厳論』「八章七十義」の体系において、「四加行」の第一に相当するⅣ一切《いっさい》相現等覚《そうげんとうがく》の第3回として、一切相現等覚の⑶加行の徳《とく》と⑷加行の失《しつ》を解説したが、本章ではその第4回として一切相現等覚の⑸加行の相を解説することにしたい。

本章で取り上げる「加行の相」は、Ⅳ一切相現等覚の⑸に相当し、「七十義」では第35に相当する。なおタルマリンチェンによれば、加行の徳と失を説いた後に、加行の相を説いたのは、加行の徳を取り、失を捨てて、加行を修すべきであるが、そのためには先ず、加行の相を知らねばならないからである。

◆『二万五千頌《じゅ》般若経』における加行の相

『二万五千頌般若経』において『現観荘厳論』のⅣの⑸に対応する部分は、ネパールに伝存す

大法輪閣出版案内

〒150-0011 東京都渋谷区東 2-5-36 大泉ビル　TEL（03）5466-1401　振替 00130-8-1
ホームページ　http://www.daihorin-kaku.co

弘法大師御請来の占い 宿曜占法
—二十七宿の生き様—

上住節子 著　「宿曜占法」の第一人者が、各宿の著名人の素晴らしい生き様を浮き彫りにし、複雑な人間関係を上手に創りあげ、自らの手で良い人生を送るすべを教えてくれる書！〈本命宿早見表〉付き。二七〇〇円

日本仏教と庶民信仰

五来 重 著　日本へ伝来した仏教は〃国家仏教〃から「名もない聖たち」によって庶民信仰の仏教へと変容し、社会・文化・芸能に多大な影響を与えた。仏教と庶民信仰の歴史を民俗学の視点から読み解く。二三七六円

あなたを幸せにみちびく 観音さま
—その教えと信仰の秘訣—

羽田守快 著　貧困、病気、老い、そして死。人生は苦しみの連続だ。でも苦しみの「受けとめ方」を変えて人生を好転させることはできる。その最良の方法の一つ「観音信仰」の秘訣を、平易に説き明かす。一八三六円

にっぽん聖地巡拝の旅

玉岡かおる 著　人気女流作家が歩き考える…自然観や死生観、歴史観が脈々と折り重なって成り立つ信仰世界とは。神仏が融合し、心の基盤となってきた日本人の精神世界を再確認する、発見・感動・出会いの旅。さあ、高野山、熊野、吉野へ。一九四四円

知っておきたい 日本仏教各宗派
—その教えと疑問に答える—

村上太胤ほか 著　各宗の「教えの要点・特徴」を易しく解説。また「仏教的生き方・現代人へのメッセージ」も紹介。さらに各宗への「素朴な疑問」にも回答。「日本仏教史略年表」も付いた必携の入門書。一七二八円

法華経の輝き
—混迷の時代を照らす真実の教え—

楠山泰道 著　カルト宗教問題に取り組み、オウムに向かいあったことでも知られる筆者が、その信念の源となっている法華経の教えを平易に解説。さらにオウム事件をふり返りカルトの問題点を詳述。二二六〇円

グセラー

〈新装版〉テーラワーダ仏教「自ら確かめる」ブッダの教え
アルボムッレ・スマナサーラ 著 ブッダの教えを具体的に検証し、今この社会で生きているすべての人に役立ち、幸福になることができる道を説く。
一九四四円

本当の宗教とは何か —宗教を正しく信じる方法
加藤智見 著 オウム事件を振り返り、スピリチュアル・ブームを考え、親鸞・ルターの信仰の道をたどって明かす、宗教を正しく信じるための五段階。
一九四四円

あなたの疑問に答える 仏教なんでも相談室
鈴木永城 著 「仏教情報センター」で長年、電話相談員をつとめた筆者が、人生の悩み、仏事の疑問、身近な仏教文化の不思議など、様々な相談に回答。
一七二八円

〈新装版〉賢い人 愚かな人 —人生を克服する34の智慧—

アルボムッレ・スマナサーラ 著 ブッダの合理的・具体的な34の智慧が、あなたの生き方を変える！

一九四四円

禅談 改訂新版
澤木興道 著 昭和の偉大な禅僧・澤木老師が、軽妙な語りで深遠なる仏教の世界を説き明かす。
二五九二円

法華経新講
久保田正文 著

内山興正老師 いのちの問答
櫛谷宗則 編 沢木興道老師の教えを受け継いで坐禅の道を貫いた内山老師の名言の数々、そして弟子や信者の悩み・葛藤・疑問に率直に答えた問答集。
一九四四円

〈日本人の心のふるさと〉神と仏の物語
小松庸祐 著 その昔、日本人は〈神〉と〈仏〉を分け隔てなく信仰してきた。本書は、全国各地に伝わる様々な「神仏の物語」を豊富な写真資料とともに紹介。
一七二八円

空海と真言宗がわかる本
宮坂宥洪ほか 著 空海の生涯、思想、著作、書、大師霊場、また真言宗の葬儀、他宗との違い、梵字の書き方、曼荼羅の見方なども解説した充実の一冊。
一六二〇円

道元と曹洞宗がわかる本
角田泰隆ほか 著 道元の生涯と教え、思想・名言、『正法眼蔵』、曹洞宗の歴史、他宗との違い、お経、葬儀の中味、坐禅の仕方等々を平易に解説。
一七二八円

日本仏教十三宗 ここが違う
安田暎胤・平岡定海 他共著 本尊や教義など共通の設問を通して各宗派や流派の相違をとらえる。
一九四四円

梵字でみる密教 その教え・意味・書き方
児玉義隆 著

円です。　＊印はオンデマンド版。

曽我量深選集【全12巻】

編集代表 金子大栄

清沢満之の学統を継いで近代真宗学を確立した曽我量深先生。その先生の明治30年代より昭和46年、遷化に至る間の著述講義を年代順に編纂。その独創的思想と信念の全貌を明らかにする。

セット価格八九四二四円（送料無料）／**分売可**（送料二一〇円）

曽我量深講義集【全15巻】

『曽我量深選集』に未収録の、戦後発表の講話・聞書を年次を追って収録。第1巻・本願成就、第2巻・本願の国土、第3巻・大無量寿経講義、第4巻・教行信証内観、第5巻・荘厳の世界観、第6巻・現在に救われよ…他。

セット価格四四〇六四円（送料無料）／**分売可**（送料二一〇円）

安田理深講義集【全6巻】

第1巻・呼びかけと目覚め―名号、第2巻・親鸞における主体と問題―信心、第3巻・仏教の人間像―仏弟子、第4巻・存在の故郷―浄土、第5巻・親鸞の宗教改革―共同体、第6巻・親鸞における時の問題―歴史。

セット価格一七二八〇円（送料無料）／**分売可**（送料二一〇円）

大無量寿経講義【全6巻】

大地の会 編

曽我量深・金子大栄・安田理深・蓬茨祖運・信国淳師など、現代の真宗大谷派を代表する講師らを招いて年に一度、約一週間の聞法会が在野で開かれていた。今や稀覯本となった、この貴重な名講義録を復刊。

セット価格二六七八四円（送料無料）／**分売可**（送料二一〇円）

大法輪閣ロン

深浦正文 著

唯識學研究 上巻【教史論】下巻【教義論】

唯識思想の歴史と、唯識教理のあらゆる関係事項を網羅した名著。

上巻一〇八〇〇円　下巻一六二〇〇円

大正大学仏教学科 編

仏教とはなにか【その歴史を振り返る】【その思想を検証する】

仏教の歴史・思想をやさしく丁寧に解説。これから仏教を学ぶ人に最適な入門書。

各一九四四円

アルボムッレ・スマナサーラ 著

人生はゲームです ブッダが教える幸せの設計図

もし生き方がわからなくなったら…。ブッダが教える「幸せに生きるための思考法」を紹介。

一七二八円

仏教・キリスト教・イスラーム・神道 どこが違うか

開祖・聖典・教え・修行法・戒律・死後の世界・男女観・食物のタブーなどを四段組で並記。

一九四四円

価格は平成26年8月現在（8%の消費税込み）　送料は、ご注文数にかかわ

るサンスクリット原典では、木村高尉氏の校訂テキストの第四分冊の五八頁から一二七頁までを占めている。またチベット訳（中国蔵学研究中心編『丹珠爾』所収本）では、第五〇巻の一三五六から一五一二頁までの一五七頁に相当する。

いっぽう『二万五千頌般若経』に対応する玄奘訳『大般若波羅蜜多経』「第二分」では「仏母《ぶつも》品《ほん》」第四十六の冒頭近くから「真如品」の途中までに対応する。このように漢訳の章節の分かち方は、『現観荘厳論』に基づく解釈学とは必ずしも一致しない。

◆九一種の加行の相

それでは今回取り上げる加行の相について、順を追って見ることにしよう。

まず⑸加行の相は、①智（シェーパ）の相、②殊勝《しゅしょう》（キェーパル）の相、③作用《さゆう》（チェーパ）の相、④自性《じしょう》（ゴウォニー）の相の四種に分けられる。このうち①智の相は、さらに1一切智、2道種智、3一切相智の三種に分類され、それぞれに一六の智があるとされるから、①智の相は、都合四八種の智から構成されることになる。

つぎの②殊勝の相は、小乗の聖者である声聞《しょうもん》・縁覚《えんがく》（独覚《どっかく》）の二乗の加行より、格段に優れているから「殊勝」と呼ばれる。その相も十六種あり、四諦《したい》の十六行相に関連づけられるが、その

（左頁からの続き）

『現観荘厳論』の91種の相			チベット訳	木村校訂本	『丹珠爾』Vol.50
殊勝の相	苦諦	49.不可思議の殊勝	49-52.bsam gyis mi khyab pa la sogs pa'i sdug bsṅal gyi skad cig ma bźi	74-7～77-11	1390-5～1398-1
		50.無等の殊勝			
		51.量を超える殊勝			
		52.数を超える殊勝			
	集諦	53.一切の聖者を包摂する殊勝	53.'phags pa'i gaṅ zag thams cad sdud pa'i khyad par	77-12～79-17	1398-2～1403-2
		54.学者により知られるという殊勝	54.skyes bu mkhas pas rig par bya ba ñid kyi khyad par	79-18～79-25	1403-3～1403-14
		55.不共の殊勝	55.thun moṅ ma yin pa'i khyad par	79-26～80-13	1403-15～1404-12
		56.神通が速やかなる殊勝	56.mṅon par śes pa myur ba'i khyad par	80-14～80-26	1404-13～1405-8
	滅諦	57.不減不増の殊勝	57.'grib pa daṅ 'phel ba med pa'i khyad par	80-27～81-5	1405-9～1406-4
		58.激烈に達成されるという殊勝	58.drag tu 'grub pa'i khyad par	81-6～81-33	1406-5～1407-20
		59.修得の殊勝	59.yaṅ dag par 'grub pa'i khyad par	82-1～85-14	1407-21～1414-6
		60.所縁の殊勝	60.dmigs pa'i khyad par	85-15～86-31	1414-7～1417-9
	道諦	61.依持の殊勝	61.rten gyi khyad par	86-32～88-5	1417-10～1419-18
		62.欠けたものがないという殊勝	62.ma tshaṅ ba med pa'i khyad par	88-6～89-22	1419-19～1423-4
		63.摂受の殊勝	63.yoṅs su bzuṅ ba'i khyad par	89-23～93-23	1423-5～1432-5
		64.不味の殊勝	64.ro myaṅ ba med pa'i khyad par	93-24～95-25	1432-6～1437-5
作用の相	一切智	65.利益という作用	65.phan pa'i byed pa	95-26～96-11	1437-6～1438-11
		66.安楽という作用	66.bde ba'i byed pa	96-12～96-17	1438-12～1438-21
		67.救済という作用	67.skyob pa'i byed pa	96-18～96-25	1439-1～1439-11
	道種智	68.帰依という作用	68.skyabs kyi byed pa	96-26～96-32	1439-12～1440-3
		69.休息処という作用	69.gnas kyi byed pa	97-1～97-24	1440-4～1441-21
		70.良き保護処という作用	70.dpuṅ gñen gyi byed pa	97-25～98-33	1442-1～1445-6
		71.州の如き作用	71.gliṅ gi byed pa	99-1～100-14	1445-7～1448-16
		72.指導者という作用	72.yoṅs su 'dren pa byed pa	100-15～101-11	1448-17～1451-7
		73.無効用という作用	73.lhun gyis grub pa'i byed pa	101-12～102-20	1451-8～1454-8
		74.三乗に発趣する者はその果を現証しないという作用	74.theg pa gsum gyis ṅes par 'byuṅ ba'i 'bras bu mṅon du mi byed pa'i byed pa	102-21～104-26	1454-9～1458-17
	相	75.趣の作用	75.rten gyi mdzad pa	104-27～106-15	1458-18～1462-8
自性の相	一切智	76.煩悩がないという自性	76.ñon moṅs pa las dben pa'i ṅo bo ñid	106-16～106-22	1462-9～1462-17
		77.形状がないという自性	77.de'i rtags kyis dben pa'i ṅo bo ñid	106-23～106-25	1462-18～1463-2
		78.相がないという自性	78.de'i mtshan mas dben pa'i ṅo bo ñid	106-26～106-28	1463-3～1463-7
		79.所対治・能対治の両者がないという自性	79.mi mthun pa daṅ gñen po'i phyogs dag gis dben pa'i ṅo bo ñid	106-29～107-10	1463-8～1464-5
	道種智	80.為難という自性	80.dka' ba ñid kyi ṅo bo ñid	107-11～108-6	1464-6～1466-2
		81.一向という自性	81.mtha' gcig tu ṅes pa'i ṅo bo ñid	108-7～108-14	1466-3～1466-12
		82.説示という自性	82.ched du bya ba'i ṅo bo ñid	108-15～108-28	1466-13～1467-7
		83.無所縁という自性	83.mi dmigs pa'i ṅo bo ñid	108-29～111-14	1467-8～1473-5
		84.断執着という自性	84.mṅon par źen pa med pa'i ṅo bo ñid	111-15～112-17	1473-6～1475-17
	一切相智	85.所縁という自性	85.dmigs pa'i ṅo bo ñid	112-18～117-5	1475-18～1486-21
		86.一切世間に反するという自性	86.'jig rten thams cad daṅ mi mthun pa'i ṅo bo ñid	117-6～119-5	1487-1～1492-18
		87.無碍という自性	87.thogs pa med pa'i ṅo bo ñid	119-6～120-6	1492-19～1495-15
		88.無基という自性	88.gźi med pa'i ṅo bo ñid	120-7～120-15	1495-16～1496-10
		89.無趣という自性	89.'gro ba med pa'i ṅo bo ñid	120-16～123-19	1496-11～1504-17
		90.無生という自性	90.skye ba med pa'i ṅo bo ñid	123-20～124-7	1504-18～1506-4
		91.真如不可得の自性	91.de bźin ñid mi dmigs pa'i ṅo bo ñid	124-8～127-18	1506-5～1512-17

表　加行の９１種の相

『現観荘厳論』の91種の相			チベット訳	木村校訂梵本	『丹珠爾』Vol.50
智の相	一切智	1.如来の出現の智	1.de bźin gśegs pa ’byuṅ ba śes pa	58-14～58-25	1356-10～1357-7
		2.世間の不壊の智	2.’jig rten ’jig pa med pa śes pa	58-26～59-8	1357-8～1358-4
		3.心行の智	3.sems kyi spyod pa thams ced śes pa	59-9～60-1	1358-5～1359-14
		4.心の摂取の智	4-5.sems bsdus pa daṅ rnam par g-yeṅs pa śes pa	60-2～60-17	1359-15～1360-13
		5.心の散乱の智			
		6.心の無盡行相の智	6.sems mi zad pa’i rnam par śes pa	60-18～60-25	1360-14～1361-4
		7.有貪の智	7-8.’dod chags daṅ bcas pa la sogs pa śes pa	60-26～61-26	1361-5～1363-12
		8.離貪の智			
		9.拡大心の智	9.sems rgya chen po śes pa	61-27～62-5	1363-13～1364-8
		10.増大心の智	10.sems chen por gyur pa śes pa	62-6～62-17	1364-9～1365-5
		11.無量心の智	11.sems tshad med pa śes pa	62-18～62-30	1365-6～1365-21
		12.不可説示心の智	12.sems bstan du med pa śes pa	63-1～63-10	1366-1～1366-16
		13.不可見心の智	13.sems bltar med pa śes pa	63-11～63-19	1366-17～1367-9
		14.心の出等の智	14.sems g-yo ba la sogs pa śes pa	63-20～65-13	1367-10～1370-10
		15.真如の行相の智	15.de bźin ñid kyi rnam par śes pa	65-14～65-23	1370-11～1371-6
		16.他に顕示して教示する	16.de bźin ñid thug su chud pa de mchog tu yaṅ dag par gsuṅs śiṅ btags pa	65-24～67-21	1371-7～1375-10
	道種智	17.空の智	17-19.stoṅ pa ñid daṅ mtshan ma med pa daṅ smon pa med pa śes pa	67-22～68-1	1375-11～1376-4
		18.無相の智			
		19.無願の智			
		20.不生の智	20-27.skye ba daṅ ’gag pa med pa la sogs pa śes pa	68-2～68-8	1376-5～1376-15
		21.不滅の智			
		22.無煩悩の智			
		23.無浄の智			
		24.非有の智			
		25.自性の智			
		26.無所依の智			
		27.虚空の智			
		28.法性不動の智	28.chos ñid rnam par ’khrug pa med pa śes pa	68-9～68-15	1376-16～1377-2
		29.無為の智	29.mṅon par ’du mi byed pa śes pa	68-16～68-27	1377-3～1378-3
		30.無分別の智	30.rnam par mi rtog pa śes pa	68-28～69-5	1378-4～1378-13
		31.差別の智	31.rab tu dbye ba śes pa	69-6～69-21	1378-14～1379-17
		32.無相の智	32.mtshan ñid med par śes pa	69-22～70-14	1379-18～1381-20
	一切相智	33.住の智	33.ñid kyi chos la brten nas gnas pa śes pa	70-15～70-18	1382-1～1382-6
		34.恭敬の智	34-37.gus par bya ba la sogs pas śes pa	70-19～70-31	1382-7～1383-6
		35.尊重の智			
		36.尊敬の智			
		37.供養の智			
		38.無作者の智	38.byed pa med pa can śes pa	71-1～71-5	1383-7～1383-11
		39.一切処に赴く智	39.thams cad du ’gro ba śes pa	71-6～71-9	1383-12～1383-16
		40.不可見の対象を示す智	40.ma mthoṅ ba’i don ston pa śes pa	71-10～72-14	1383-17～1386-8
		41.世間の空の行相の智	41-44.stoṅ pa ñid kyi rnam par brjod par mdzad pa daṅ śes par mdzad pa daṅ ston par mdzad pa śes pa	72-15～73-15	1386-9～1388-18
		42.世間の空なるを明示する智			
		43.世間の空なるを知らしめ給う智			
		44.世間の空なるを示し給う智			
		45.不可思議なる事を示す智	45-46.bsam gyis mi khyab pa daṅ źi ba ñid śes pa	73-16～73-25	1388-19～1389-11
		46.寂静なる事を示す智			
		47.世間の滅の智	47-48.’jig rten ’du śes ’gog pa śes pa	73-26～74-6	1389-12～1390-4
		48.世間の想の滅の智			

内容は、『倶舎論《くしゃろん》』所説の四諦十六行相とは大きく異なっている。タルマリンチェンは、ここで小乗の四諦十六行相を明確に説かなかったのは、それらの理解が容易であり、大乗の見道《けんどう》は二乗の道とは異なることを明示するために、大乗の見道の特徴のみを説いたとしている。

③作用の相は、利他《りた》を成就《じょうじゅ》する特殊な働きを有するので「作用」と呼ばれる。①智の相と同じく1一切智、2道種智、3一切相智の三種に分類され、1一切智に三種、2道種智に七種、一切相智に一種を立てるので一一種となる。

これら三種の加行の相が一切相現等覚の働きを象徴する果であるのに対し、最後の④自性の相は、その一切相現等覚の象徴基体である観念とされている。

この④自性の相も1一切智、2道種智、3一切相智の三種に分類され、1一切智に四種、2道種智に五種、一切相智に七種を立てるので一六種となる。

したがって加行の相は①智の相、②殊勝の相、③作用の相、④自性の相を合わせて、都合九一種となる。（前頁・前々頁・表参照）

◆加行の相の内容

『現観荘厳論』は第四章の第一三偈《げ》から第三一偈にかけて、これら九一種の加行の相を説くが、名目を列挙するのみなので、その内容を理解することは難しい。それらの意味は『二万五千頌般若経』の対応する経文と対照することで、明らかになる。

　まず、

「須菩提《しゅぼだい》、仏に白《もう》して言《もう》さく。世尊《せそん》の説の如く般若波羅蜜は能く如来応供《おうぐ》正等覚を生じ、能《よ》く世間を示す。世尊、云何《いかん》が般若波羅蜜は能く如来応供正等覚を生じるや。世尊。云何が般若波羅蜜は能く世間を示し、云何が般若波羅蜜は如来を生じ、云何が諸仏は世間相を説くやと。（中略）須菩提、甚深《じんじん》の般若波羅蜜は、能く如来の十力《じゅうりき》四無畏《しむい》四無礙《しむげ》大慈《だいじ》大悲《だいひ》大喜《だいき》大捨《だいしゃ》十八不共仏法《じゅうはちふぐほう》一切相智《いっさいそうち》を生ず」

が①の1如来の出現の智に相当する。

　つぎに、

「須菩提、般若波羅蜜は、五蘊《ごうん》の壊《え》を説くに非《あら》ず。変壊《へんね》を説くに非ず。生《しょう》を説くに非ず。滅《めつ》を説くに非ず（以下略）」

が①の2世間の不壊の智に相当する。

　なお『二万五千頌般若経』では、複数の加行の相が、一つのパラグラフに対応する箇所が存在する。これらを一々説明すると煩雑《はんざつ》になるので、詳しくは別掲の表を見られたい。

◆まとめ

『現観荘厳論』のⅣ一切相現等覚は、⑴一切相現等覚の行相《ぎょうそう》、⑵加行、⑶加行の徳、⑷加行の失、⑸加行の相、⑹順解脱分《じゅんげだつぶん》、⑺順決択分《じゅんけっちゃくぶん》、⑻不退菩薩《ふたいぼさつ》の相、⑼輪廻《りんね》と涅槃《ねはん》の平等、⑽仏国土清浄《ぶっこくどしょうじょう》、⑾善巧方便《ぜんぎょうほうべん》の十一義からなるが、これはさらに⑴から⑸までの前半と、⑹から⑾までの後半に分けられる。

タルマリンチェンの『ナムシェー・ニンポギェン』によれば、⑴から⑸までの前半はⅣ一切相現等覚の一般的設定であり、⑹から⑾までは、それを心相続《しんそうぞく》に生起《しょうき》させる修習《しゅじゅう》次第《しだい》とされる。したがって⑸加行の相は、三智をまとめて修習《しゅじゅう》するといわれるⅣの前半部の総括《そうかつ》に相当する。⑸を構成する九十一種の加行の相が、一切相智・道種智・一切智の三智に分類されて提示されるのは、そのためと思われる。

なお次章は、Ⅳ一切相現等覚を心相続に生起させる修習次第とされる、後半の六義を解説することにしたい。

第15章 後半の六義《ろくぎ》について

これまでの四章では、『現観荘厳論』の「八章七十義」の体系において、Ⅳ一切相現等覚《いっさいそうげんとうがく》の前半を構成する五義を概観してきた。

なおタルマリンチェンの『ナムシェー・ニンポギェン』(サールナート版)では、Ⅳ一切相現等覚のうち(6)順解脱分《じゅんげだつぶん》から(11)善巧方便《ぜんぎょうほうべん》までの六義が別立され、「順解脱分以下を心相続《しんそうぞく》に生起《しょうき》させる次第」と題する一章を形成している。いっぽうツォンカパの『レクシェー・セルテン』は、Ⅳ一切相現等覚の後半部分を別立してはいないが、「殊勝《しゅしょう》な加行《けぎょう》を心相続に生起させる」と「殊勝な加行を心相続に生起させる修習《しゅじゅう》次第」に分科しているから、同趣旨といえる。

そこで本章では、一切相現等覚のうち後半の六義をまとめて取り上げることにしたい。これら六義は、『現観荘厳論』の「七十義」では第36から第41に相当する。なお後半の六義を別立する理由は、前半部分が第一部で明かされた三智を一七三行相にまとめて提示するのに対して、後半部分は、これを心相続に発生させる次第を説くからであるといわれる。

いっぽうヤクトゥン・サンギェーペルの『現観荘厳論註《ちゅう》』は、(1)一切相現等覚の行相から(6)順解脱分までを「一切相現等覚のみの修習次第」、(7)順決択分から(11)善巧方便までを「特殊な修習次第」として二分しており、解釈が異なっている。しかしここではタルマリンチェンの分科《ぶんか》に従って、解説を進めることにしたい。

この後半部分は、さらに1三阿僧祇劫《さんあそうぎこう》に亘《わた》る成仏道《じょうぶつどう》の最初を説くことにより『現観荘厳論』の所化《しょけ》を確認する、2心相続を成熟する道を発生する次第、3殊勝な現観が心相続に生ずる次第の三つに分科される。このうち(6)順解脱分は資糧《しりょう》位《い》ともいい、仏道修行の最初の段階である。そこで「三阿僧祇劫に亘る成仏道の最初」とされる1に配当される。そして(7)順決択分《じゅんけっちゃくぶん》は、その次の段階に相当するので2に対応し、3は(8)不退菩薩《ふたいぼさつ》の相以下の四義に相当する。さらに3は、A無上菩提《むじょうぼだい》より不退転《ふたいてん》の相を説くと、B三身《さんじん》を成就《じょうじゅ》する殊勝な道を説くに分科され、Aが(8)不退菩薩の相、Bが(9)輪《りん》

タルマリンチェンによる分科		
1. 三祇成仏道を説き所化を確認する		
2. 心相続を成熟する道を発生する次第		
3. 殊勝な現観が心相続に生ずる次第		
	A 無上菩提より不退転の相を説く	
	B 三身を成就する殊勝な道を説く	1)法身の因
		2)報身の因
		3)応身の因

廻《ね》と涅槃《ねはん》の平等（法身《ほっしん》）、⑽仏国土清浄《ぶっこくどしょうじょう》（報身《ほうじん》）、⑾善巧方便（応身《おうじん》）の三義に対応するとされている。（下・表参照）

◆『二万五千頌《じゅ》般若経』における後半の六義

『二万五千頌般若経』において『現観荘厳論』「一切相現等覚」の後半に対応する部分は、ネパールに伝存するサンスクリット原典では、木村高尉氏の校訂テキストの第四分冊の一二七頁から二〇一頁までを占めている。またチベット訳（中国蔵学研究中心編『丹珠爾』所収本）では、第五〇巻の一五一二頁から第五一巻の七四頁までに相当する。

いっぽう『二万五千頌般若経』に対応する玄奘訳『大般若波羅蜜多経』「第二分」では、⑹順解脱分

表　『現観荘厳論』Ⅵ一切相現等覚後半の六義の次第

『現観荘厳論』「七十義」［36］-［41］	『二万五千頌般若経』	
	木村校訂梵本	チベット訳『丹珠爾』
(6) 順解脱分theg chen gyi thar pa cha mthun	127-19～134-32	Vol.50-1512-18～1528-11
(7) 順決択分theg chen gyi ṅes ’byed cha mthun	135-1～141-18	1528-12～1541-5
(8) 不退菩薩の相phyir mi ldog pa’i rtags	141-19～178-23	Vol.50-1541-6～Vol.51-26-5
(9) 輪廻と涅槃の平等srid źi mñam ñid kyi sbyor ba	178-24～181-15	26-6～31-10
(10) 仏国土清浄źiṅ dag sbyor ba	181-16～192-16	31-11～55-3
(11) 善巧方便thabs mkhas sbyor ba	192-17～201-19	55-4～74-11

と⑺順決択分が「真如品《しんにょほん》」の後半部分、⑻不退菩薩の相が「不退転品」「転不転品《てんふてん》」「甚深義品《じんじんぎ》」、⑼輪廻と涅槃の平等が「夢行品《むぎょう》」、⑽仏国土清浄が「願行品《がんぎょう》」、⑾善巧方便が「習近品《じゅうごん》」に対応する。このように漢訳の章節の分かち方は、この部分では『現観荘厳論』に基づく解釈学と比較的よく一致する。

◆後半の六義の意味

『二万五千頌般若経』の⑹順解脱分相当部分の冒頭には、つぎのように説かれている。

「舎利弗《しゃりほつ》、是《こ》の菩薩摩訶薩《ぼさつまかさつ》は、初発心《しょほっしん》より常に一切相智を遠離《おんり》せず、布施《ふせ》・戒《かい》・忍辱《にんにく》・精進《しょうじん》・禅定《ぜんじょう》を修すと雖《いえど》も而《し》かも相を取らず。念処《ねんじょ》・正勤《しょうごん》・神足《じんそく》・根《こん》・力《りき》・菩提分法《ぼだいぶんぽう》・道《どう》を修すと雖も亦《ま》た相を取らず、一切相智に至るまで修すと雖も相を取らず」

そして般若学では、この経文が一切相現等覚の⑹順解脱分の総説と解釈されるのである。

つぎに⑺順決択分に相当する部分では、

「須菩提《しゅぼだい》、若《も》し菩薩摩訶薩、無上正等菩提《むじょうしょうとうぼだい》を得んと欲せば、當《まさ》に一切衆生《いっさいしゅじょう》に於《おい》て平等心《びょうどうしん》を起こすべし。當に一切衆生に於て平等心を起すべく、不平等心を起すべからず。當に平等心を以て一切衆生を見るべし。一切衆生に於て大慈心《だいじしん》を起すべし。一切衆生に於て大悲心《だいひしん》を起すべし（以下略）」

これが、一切相現等覚の⑺順決択分を説いた経文であると解釈されている。

さらに⑻不退菩薩の相は、漢訳の「不退転品」以下に相当するが、ここでは須菩提が「世尊《せそん》、不退転の菩薩摩訶薩は、何の行あり何の状あり何の相あるや。我れ等云何《いかん》が是を不退転の菩薩摩訶薩と知るやと」と問うたのに対し、

「須菩提、菩薩摩訶薩、色《しき》に於て退転し、受《じゅ》に於て退転し、想《そう》に於て退転し（中略）無上正等菩提に於て退転するが故に、不退転と名づく」

と説かれるが、これが不退転の菩薩の相であるとされている。衆生は、たとえ無上菩提に向けて発心しても、三阿僧祇劫に亘る仏道修行の中で挫折し、菩提心を失うことがある。これを退転《たいてん》というが、菩薩の修行が一定の段階に達すると、退転することがなくなる。これを不退転《ふたいてん》という。しかし菩薩がどの段階において不退転となるかについては、諸説あって一定していない。ここでは不退転の菩薩の相が説かれるのである。⑺順決択分の後に⑻不退菩薩の相を説いたのは、順決択分から不退僧伽《そうぎゃ》の徴相《ちょうそう》が現れるからであるとされている。

つぎの⑼輪廻と涅槃の平等、⑽仏国土清浄、⑾善巧方便の三義は、②三身を成就する殊勝な道を説くに相当するとされる。『二万五千頌般若経』に、

「爾《そ》の時舎利弗、須菩提に問うて言《い》わく。須菩提、若し菩薩摩訶薩夢中に此《こ》の三三摩地《さんさんまじ》に入《い》らば、般若波羅蜜において増益《ぞうやく》有りや不《いな》やと。須菩提答えて言わく、舎利弗、若し菩薩摩訶薩の昼時に此の三三摩地に入り般若波羅蜜に於て増益ある者は、彼夢中に入るも亦た増益有り」

とあるのが⑼輪廻と涅槃の平等、

「須菩提、菩薩摩訶薩有りて布施波羅蜜を修行し諸《もろもろ》の衆生の飢渇《きかつ》に逼《せま》られ衣服疲壊《ひえ》し臥《が》具乏少《ぐもうしょう》なるを見《み》ば、須菩提、是の菩薩摩訶薩は此の事を見已《みおわ》って是の思惟を作《な》す。我當に云何《いかん》が是の如き諸の衆生を救済して慳貪《けんどん》を離れ乏少なる所無からしむべきと」

以下が⑽仏国土清浄、

「爾の時須菩提、仏に白《もう》して言《もう》さく、世尊、般若波羅蜜を行ずる諸の菩薩摩訶薩は云何が空《くう》三摩地《さんまじ》を習近《じゅうごん》し、云何が空三摩地に入り、云何が無相《むそう》三摩地を習近し云何が無相三摩地に入り、云何が無願《むがん》三摩地を習近し云何が無願三摩地に入り」

以下が⑾善巧方便に相当する。これらは、不退転を成就した菩薩が速やかに仏果を証するために説かれたとされている。

このようにⅣ一切相現等覚の後半部は、菩薩の修道段階の最初に当たる⑹順解脱分から、仏の三身を成就する(9)〜(11)に至るまで、三阿僧祇劫という無限に近い時間をかけて、衆生が一切種智を完成させ、悟りを開くまでの実践に配当されているのである。

◆まとめ

『現観荘厳論』に基づくチベットの般若学は、『般若経』の経文を菩薩の修道階梯《しゅどうかいてい》と結びつけて解釈するという特徴をもっている。この特徴は、これまでに紹介したⅣ一切相現等覚の各章にも見られたが、その中でも一切相現等覚の後半部分は、かなりの文献量があり、一々の義だけでなく、その下に配当される教理概念にまで、いちいち対応する経文が立てられている。その意味でもこの部分には、『現観荘厳論』の特徴が、よく現れている。そこでチベットでは、多くの学者が、この部分に注目し、種々の議論が展開されることになった。

また(6)順解脱分に説かれる禅波羅蜜と般若波羅蜜の修行は、チベット仏教で重視される止観の双修という問題に影響を与えることになった。

さらに同処に展開される利根と鈍根の衆生の区別に関しては、一切衆生が成仏できるのか、それとも機根の劣った者には声聞・縁覚（独覚）の二乗が相応しいのかという議論が生じることになった。このように『現観荘厳論』Ⅳ一切相現等覚の後半部分は、大乗仏教の教理を考察する上で見のがすことができないトピックを数多く含んでおり、チベットの般若学の上でも重要な章節といえるのである。

これまで5章に亘ったⅣ一切相現等覚の解説は、本章で完結することになった。Ⅳ一切相現等覚は、『現観荘厳論』の四加行の中でも最も重要な章といえる。それだけにこれだけでは論じきれなかった問題もあるが、チベットの般若学の概説としては、一定の意味があると考えている。

なお『二万五千頌般若経』と一切相現等覚の後半の六義の対応関係、そして菩薩の修道階梯と六義の対応関係は、いちいち論じると煩雑になるので、別掲の表を参照されたい。

V 頂現観

第16章 頂《ちょう》現《げん》観《かん》について

これまで五章に亘《わた》って『現観荘厳論』「四加行《しけぎょう》」の第一、Ⅳ一切相現等覚《いっさいそうげんとうがく》を取り上げたが、本章ではその第二に相当するⅤ頂現観について見ることにしたい。

◆『現観荘厳論』における頂現観の位置づけ

本書第2章で見たように、チベットの般若学では、Ⅴ頂現観は第二部「四加行」の第二に位置づけられ、『現観荘厳論本頌《ほんじゅ》』では、Ⅴ頂現観の解説に四二偈が費やされている。その内容はさらに、「(1)十二標相を具《ぐ》す頂現観、(2)福徳《ふくとく》を増大させる頂現観、(3)堅固《けんご》なる頂現観、(4)心住《しんじゅう》の頂現観、(5)見道《けんどう》の頂現観、(6)修道《しゅどう》の頂現観、(7)無間三昧《むけんさんまい》の頂現観、(8)断ずべき顛倒《てんどう》」の八義に分けられる。そしてこれらは、「七十義」では第42から第49までに相当する。

『現観荘厳論』の第二部に相当する四加行は、Ⅳ一切相現等覚とⅤ頂現観が「依処《えしょ》」（ワンドゥチャワ)、Ⅵ漸《ぜん》現観とⅦ一刹那現等覚が「堅固」(テンパ)と呼ばれ、これに因果を立てるので四加行になるとされるが、このうちⅤ頂現観は「依処」の果と位置づけられている。

◆『二万五千頌《じゅ》般若経』における頂現観

『二万五千頌般若経』において『現観荘厳論』の第五章「頂現観」に対応する部分は、ネパールに伝存するサンスクリット原典では、木村高尉氏の校訂テキストの第五分冊の全部、一七〇頁を占めている。またチベット訳(中国蔵学研究中心編『丹珠爾』所収本)でも三八五頁と、これまで見てきた「一切相現等覚」に匹敵する紙数を占めている。

いっぽう『二万五千頌般若経』に相当する玄奘訳『大般若波羅蜜多経』「第二分」では「増上《ぞうじょう》慢品《まんぼん》」第六十之一から「漸次品《ぜんじ》」第七三之二までに対応するとされる。しかし、これまでも再三述べてきたように、漢訳の章節の分かち方は、『現観荘厳論』に基づく解釈学とは必ずしも一致しない。

なおⅣ一切相現等覚の後にⅤ頂現観が説かれたのは、Ⅰ一切相智/Ⅱ道種智/Ⅲ一切智の三智の形相を遍知するⅣ一切相現等覚を得れば、修行を自在に行うことができる究極の現観、つまりⅤ頂現観が生じるからであるという。さらに頂現観の八義の中では、(5)見道、(6)修道、(7)無間三味という菩薩の修行段階に応じた頂現観が本章の根幹をなすものであるが、その前段階である(1)十二標相を具す頂現観、(2)福徳を増大させる頂現観、(3)堅固なる頂現観、(4)心住の頂現観の四義を先に説いたのは、その方が理解が容易になるからとされている。

◆八種の頂現観について

『二万五千頌般若経』のV頂現観相当部分の冒頭には、つぎのように説かれている。

表　『現観荘厳論』V頂現観と『二万五千頌般若経』

チベット語「七十義」	『二万五千頌般若経』	
	サンスクリット（木村校訂梵本）	チベット訳（『丹珠爾』）
[42] rtags bcu gñis po daṅ ldan pa'i rtse sbyor	1-1～13-23	Vol.51-74-12～100-17
[43] bsod nams rnam par 'phel ba'i rtse sbyor	13-24～35-4	100-18～146-13
[44] brtan pa'i rtse sbyor	35-5～36-13	146-14～149-5
[45] sems kun tu gnas pa'i rtse sbyor	36-14～37-27	149-6～152-20
[46] mthoṅ lam rtse sbyor	37-28～102-12	153-1～299-6
[47] sgom lam rtse sbyor	102-13～104-18	299-7～304-2
[48] bar chad med pa'i rtse sbyor	104-19～135-20	304-3～374-2
[49] bsal bya log sgrub	135-21～170-5	374-3～459-16

「爾《そ》の時世尊《せそん》、須菩提《しゅぼだい》に告《つ》げて言《のたま》わく。須菩提、若《も》し菩薩摩訶薩《ぼさつまかさつ》、乃至《ないし》夢中にも亦《ま》た、常に諸法は夢の如く響《こえ》の如く陽焔《かげろう》の如く幻の如く犍闥婆城《けんだつばじょう》（蜃気楼《しんきろう》）の如しと観ず。是《かく》の如く観ずれば、須菩提、當《まさ》に知るべし是れ菩薩摩訶薩の不退転相《ふたいてんそう》なりと」

そして般若学では、この経文がV頂現観の(1)十二標相《ひょうそう》を具す頂現観の第一を説いた経文であると解釈されるのである。

そして『現観荘厳論』は、これ以後の『二万五千頌般若経』の経文を十二段に分科《ぶんか》し、それらを菩薩の不退転の十二標相であるという。そしてチベットの般若学では、この(1)十二標相を、菩薩の修行段階の最初である煖《なん》の加行道《けぎょうどう》に配当する。

菩薩の修道階梯		八種の頂現観
加行道	煖	(1)十二標相を具す頂現観
	頂	(2)福徳を増大させる頂現観
	忍	(3)堅固なる頂現観
	世第一法	(4)心住の頂現観
見道		(5)見道の頂現観
修道		(6)修道の頂現観
無間道		(7)無間三昧の頂現観
		(8)除去すべき顛倒

同様にして、

「復《ま》た次に須菩提、假使《たと》ひ此の南贍部州《なんせんぶしゅう》に於ける諸《もろもろ》の衆生類皆人身《にんしん》を得、人身を得已《おわっ》て、発心して諸の菩薩行を修し、皆無上正等菩提《むじょうしょうとうぼだい》を証するに、善男子善女人《ぜんなんしぜんにょにん》有りて、其《そ》の寿命を尽くすまで世間上妙《みょう》の供具《くぐ》を以《もっ》て、此の諸の如来を供養恭敬尊重讃歎《くようくぎょうそんじゅうさんだん》せば、（中略）此の因縁に由《よ》りて福を獲《う》ること多きや不《いな》やと。須菩提答えて言《のたま》わく。甚《はなは》だ多し世尊。仏は言わく。もし善男子善女人等。大衆《だいしゅ》の中に於て是の如き甚深《じんじん》般若波羅蜜を宣説《せんぜつ》せんに、（中略）此の因縁に由りて獲る所の功徳は、甚《はなは》だ彼《か》れよりも多く無量無辺なり」

という経文以下が(2)福徳を増大させる頂現観を説いたものとされ、②頂《ちょう》の加行道に相当するとされている。

さらに(3)堅固なる頂現観は③忍《にん》の加行道、(4)心住の頂現観は加行道の最高位である④世第一法《せだいいっぽう》に相当するとされている。

そしてこれ以下、(5)見道の頂現観は菩薩の見道、(6)修道の頂現観が修道、(7)無間三昧の頂現観と(8)断ずべき顚倒《てんどう》の二義が智慧によって煩悩を断つ無間道に相当するとされる。このように頂現観の八義は、菩薩の修道段階に対応することになるが、最後の無間道が二つの義に対応するのは、正しい智慧によって迷乱を断つ無間三昧においては、これら一六種の顚倒を断じなければならないからとされている。

◆頂現観の意味

『現観荘厳論』に基づくチベットの般若学は、『般若経』の経文を菩薩の修道階梯と結びつけて解釈するという特徴をもっている。この特徴は、これまでに紹介した各章にも見られたが、V頂現観に相当する部分はかなりの文献量があり、一々の義だけでなく、その下に配当される教理概念にまで、いちいち対応する経文が立てられている。その意味でV頂現観は、『現観荘厳論』の特徴がよく現れていると見ることができる。

なお『二万五千頌般若経』とV頂現観の八義の対応関係、そして八義と菩薩の修道階梯の対応関係は、いちいち論じると煩雑になるので、別掲の表（前々頁）を参照されたい。

なおV頂現観を構成する八義のうち(7)無間三昧と(8)断ずべき顛倒は、悟りを得るために断じなければならない誤った哲学的見方とそれを断じる三昧であり、重要なトピックといえる。そこで(7)無間三昧と(8)断ずべき顛倒については、次章で改めて論じることにしたい。

第17章 無《む》間《けん》三《さん》昧《まい》について

前章では、『現観荘厳論』「四加行」の第二「頂《ちょう》現観」を取り上げたが、本章では、その(8)無間三昧と(9)断ずべき顛倒《てんどう》について見ることにしたい。これらは『現観荘厳論』「七十義」の体系では、第48と第49の二義に対応し、菩薩の修道階梯《しゅどうかいてい》の上では、惑《わく》を断じ智慧を得る無間道《むけんどう》に相当するといわれる。

◆『二万五千頌《じゅ》般若経』における無間三昧の位置づけ

『二万五千頌般若経』には、『現観荘厳論』のⅠ一切相智とⅧ法身《ほっしん》に相当する部分に無間三昧が説かれている。このうち前者の用例、つまり鳩摩羅什訳『大品般若経』「往生品《おうじょうほん》」を註釈した『大智度論』巻四十では、無間三昧が次のように説明されている。

「果を取る時、相応《そうおう》の三昧を無間三昧と名《な》づく。是の三昧を得已《おわ》りて解脱智《げだつち》を得、この解脱智を以《もっ》て三結《さんけつ》を断じ果証《かしょう》を得《う》」

つまり無間三昧とは、解脱智を得て、三結《さんけつ》すなわち①見《けん》結、②戒取《かいしゅ》結、③疑《ぎ》結という三種の見《けん》惑《なく》、つまり誤った哲学的見解を断ずるために修せられる三昧とされ、「果証」とは小乗の聖者の位である預流果《よるか》であると考えられてきた。『二万五千頌般若経』のⅧ法身に現れる用例も、それに準じて解釈できるから、『般若経』本来の無間三昧は、『大智度論』所説のようなものであったと思われる。

『二万五千頌般若経』でⅤ頂現観の⑻無間三昧に相当する経文は、ネパールに伝存するサンスクリット原典では、木村高尉氏の校訂テキストの第五分冊の一三二頁から一三五頁までを占めている。またチベット訳（中国蔵学研究中心編『丹珠爾』所収本）でも、第五一巻の三六七頁から三七四頁までと比較的短い。いっぽう『二万五千頌般若経』に相当する玄奘訳『大般若波羅蜜多経』「第二分」では「樹喩品《じゅゆ》」第六十九の途中に対応する。

ところがサンスクリット原典・チベット訳・漢訳を通じて、この対応箇所には『現観荘厳論』に従って施された割註を除いては、「無間三昧」の語は一度も現れない。つまりこの経文を無間三昧に配当したのは、いささか牽強《けんきょう》付会《ふかい》の誹《そし》りを免《まぬが》れないであろう。

◆『二万五千頌般若経』における断ずべき顛倒

いっぽう『二万五千頌般若経』でV頂現観の⑼断ずべき顛倒に相当する経文は、ネパールに伝存するサンスクリット原典では、木村高尉氏の校訂テキストの第五分冊の一三五頁から一七〇頁までを占めている。またチベット訳（中国蔵学研究中心編『丹珠爾』所収本）でも、第五一巻の三七四頁から四五九頁までを占めている。いっぽう『二万五千頌般若経』に相当する玄奘訳『大般若波羅蜜多経』「第二分」では「樹喩品」第六十九の途中から「漸次品《ぜんじ》」第七十三之一までに対応する。これは⑻無間三昧に相当する経文の十倍を超える文献量となっている。

◆無間三昧について

それでは今回取り上げる二つのトピックについて、順を追って見ることにしよう。まず⑻無間三昧に対応する『二万五千頌般若経』の経文は、右の通りである。

「爾《そ》の時須菩提《しゅぼだい》、復《ま》た仏に白《もう》して言《もう》さく、若し菩薩摩訶薩普《あま》ねく一切の衆生を饒益《にょうやく》せんが為に、初めて無上正等覚心《むじょうしょうとうがくしん》を発《おこ》さば、幾所《いくばく》の福をか得ると」

この後ブッダは、菩薩の初発心《しょほっしん》の功徳は無量無辺の衆生を声聞・縁覚など小乗の聖者の位に趣《おもむ》かせることとは、比較にならないほど大きい。その理由は、声聞・縁覚は菩薩によってであるが、菩薩は声聞・縁覚によって存在するのではないからだと説く。

この経文を根拠として、『現観荘厳論』は「福の多大なるによって、仏位を得た直後（無間）に無間三昧あり。それは一切相智であり、それ（仏位）である」（V項現観の第三八偈）と説き、この一節が(8)無間三昧を説いたものだとしている。

しかし既に見たように、本来無間三昧は仏果ではなく預流果《よるか》と関連づけられてきた。つまり、この経文を無間三昧と解釈するのには無理があるのである。

◆断ずべき十六種の顛倒について

つぎに、(9)断ずべき顛倒に対応する『二万五千頌般若経』の経文を見ることにしたい。

まず、

「爾《そ》の時須菩提、復た仏に白して言さく、世尊、但《た》だ一切相智のみ無性《むしょう》を性《しょう》と為《な》すと為すや。
色受想行識《しきじゅそうぎょうしき》も亦《ま》た無性《むしょう》を性《しょう》と為すと為すや」

以下が、①有為界《ういかい》と無為界《むいかい》の無性による所縁《しょえん》の生起《しょうき》に関する顛倒に相当する。

つぎの、

「復た次に須菩提、一切法は皆空《くう》を以て自性《じしょう》と為し、一切法は皆無相《むそう》を以て自性と為し、一切法は皆無願《むがん》を以て自性と為す」

以下が、②完全に形相がないことによる自性の確立に関する顛倒に相当する。

さらに、

「無《む》障《しょう》礙《げ》清浄の仏眼《ぶつげん》を以て、遍《あま》ねく十方三界の諸法を観ずるに、尚《な》お無を得ず、況んや當《まさ》に有《う》を得べけんや」

以下が、③有と無を所縁としないことによる一切相智性の智に関する顛倒に相当する。

このように『現観荘厳論』は、『二万五千頌般若経』の経文を一六段に分科し、これらを断ずべき十六種の顛倒、つまり

『二万五千頌般若経』	
サンスクリット（木村校訂梵本）	チベット訳（『丹珠爾』）
135-21～136-16	Vol.51-374-3～376-17
136-17～137-25	376-18～380-11
137-26～138-26	380-12～383-6
138-27～139-4	383-7～383-20
139-5～140-3	384-1～386-2
140-4～140-10	386-3～386-12
140-11～140-22	386-13～387-11
140-23～144-10	387-12～396-13
144-11～150-5	396-14～408-13
150-6～150-24	408-14～409-16
150-25～153-23	409-17～418-15
153-24～157-23	418-16～426-20
157-24～159-24	427-1～431-6
159-25～161-11	431-7～434-7
161-12～169-31	434-8～459-16

誤った哲学的見解の説示と解釈したのである。

ヤクトゥンの『現観荘厳論註』によれば、これらの顛倒は、ナントンsnaṅ stoṅ つまり一切法が空であることと、一切法がそれぞれ別の相で顕現《けんげん》していることが矛盾するという誤った思想に基づいている。それは勝義《しょうぎ》諦《たい》と世俗《せぞく》諦の二諦《にたい》を分別《ふんべつ》する善巧方便《ぜんぎょうほうべん》によって断ぜられる。そしてこれによって無間道の頂現観

表　V頂現観の16種の(8)除去すべき顛倒

16種の除去すべき顛倒	サンスクリット語
1.所縁の生起	1. saṃskṛtāsaṃskṛtadhātor abhāvatvenālambanopapattau
2.自性の確立	2. sarvathā nīrūpatvād ālambanasvabhāvāvadhāraṇe
3.一切相智性の智	3. bhāvābhāvānupalambhena sarvākārajñatā jñāne
4.勝義諦と世俗諦	4. tathatāsvabhāvatvena saṃvṛti paramārthasatyadvaye
5.加行	5. dānādyanupalambhena prayoga
6.仏宝	6. boddhavyābhāvād buddharatne
7.法宝	7. nāmadheyamātratvād dharmaratne
8.僧宝	8. rūpādyālambhanapratiṣedhāt saṃgharatne
9.善巧方便	9. dānādyanupalambhenopāyakauśale
10.牟尼の正観	10. bhāvābhāvobhayarūpādhigamapratiṣedhāt tathāgatābhisamaye
11.常等の顛倒	11. prapañcavyavasthāpitānityāditvena nityādiviparyāse
12.道	12. vibhāvitamārgaphalāsākṣātkaraṇena mārge
13.能退治	13-14. hānopādānābhāvena vipakṣapratipakṣe
14.所退治	
15.法の相	15. dharmyabhāvād dharmalakṣaṇe
16.修行	16. svasāmānyalakṣaṇānupapattyā bhāvanāyām

の観察対象と甚深《じんじん》の義が明らかになるとされている。

なお十六種の顛倒を一々説明すると煩雑《はんざつ》になるので、『二万五千頌般若経』の経文と対照させた表を作成した。詳しくは表（前頁）を参照されたい。

◆まとめ

本章では、『現観荘厳論』のⅤ頂現観から⑻無間三昧と⑼断ずべき顛倒を取り上げ、『二万五千頌般若経』の経文と対照しながら概観した。

本章で見たように、⑻無間三昧に対応するとされる『二万五千頌般若経』の経文には、「無間三昧」という語自体が一度も現れない。このような無理を冒してまで、『現観荘厳論』がこの部分を⑻無間三昧に配当したのは、それに続く⑼断ずべき顛倒に相当する部分が、大乗仏教の立場から見た誤った哲学的見解を列挙するものであったからだと思われる。

そして菩薩は、これら十六種の誤った哲学的見解を乗り越えて、悟りを開き、衆生を救済しなければならない。それがこの一連が経文が、Ⅳ一切相現等覚を現前させる究極の現観、Ⅴ頂現観の最後を飾る⑻無間三昧と⑼断ずべき顛倒と解された理由だと考えられるのである。

Ⅵ 漸現観

第18章 漸《ぜん》現《げん》観《かん》について

◆『現観荘厳論』における漸現観の位置づけ

すでに見たように、チベットの般若学《はんにゃがく》では、『現観荘厳論』の八章が、

・Ⅰ一切相智《いっさいそうち》／Ⅱ道種智《どうしゅ》／Ⅲ一切智の三智を明らかにした第一部

・Ⅳ一切相現等覚《げんとうがく》／Ⅴ頂《ちょう》現観／Ⅵ漸現観／Ⅶ一刹那《いっせつ》現等覚の四加行《けぎょう》を説いた第二部

・Ⅷ法身《ほっしん》を説いた第三部

の三つにまとめられ、この三部が、「基礎・道・果」（シ・ラム・デー）という、チベット仏教の伝統的概念に基づいて解釈される。

そしてⅥ漸現観は、このうち第二部の第三に相当し、その内容はさらに、「(1)布施波羅蜜《ふせはらみつ》による漸現観、(2)戒《かい》波羅蜜による漸現観、(3)忍辱《にんにく》波羅蜜による漸現観、(4)

精進《しょうじん》波羅蜜による漸現観、(5)禅《ぜん》波羅蜜による漸現観、(6)般若波羅蜜による漸現観、(7)仏随《ぶつずい》念《ねん》、(8)法随念、(9)僧随念、(10)戒随念、(11)捨《しゃ》随念、(12)諸天《しょてん》随念、(13)一切法無自性《いっさいほうむじしょう》を知る漸現観」の一三義に分けられる。そしてこれらは、「七十義」では第50から第62までに相当する。

衆生は発心《ほっしん》してから、三大阿僧祇劫《さんだいあそうぎこう》という無限に近い時間をかけて福徳・智慧の二資糧《にしりょう》を積み、法身を成就《じょうじゅ》する、つまり悟りを開くことになる。そしてチベットの般若学では、この修行過程に対応する四加行のうち、Ⅳ一切相現等覚とⅤ頂現観を「依処《えしょ》」（ワンドゥチャワ）、Ⅵ漸現観とⅦ一刹那現等覚を「堅固《けんご》」（テンパ）と呼び、この両者に因果を立てるので四加行になると考える。（本書第11章表1参照）

◆『二万五千頌《じゅ》般若経』における漸現観

『二万五千頌般若経』においてⅥ漸現観に対応する部分は、ネパールに伝存するサンスクリット原典では、木村高尉氏校訂テキストにして一四頁ほど、チベット訳（中国蔵学研究中心編『丹珠爾』所収本）でも二〇頁と、四加行を構成する四章の中でも最も短いものとなっている。

いっぽう『二万五千頌般若経』に相当する玄奘訳『大般若波羅蜜多経』「第二分」では「漸次《ぜんじ》品《ほん》」第七三之二から「無相品《むそう》」の途中までに対応するとされる。なお漢訳の章節の分かち方は、

『現観荘厳論』に基づく解釈学とは必ずしも一致しないが、ここでは「漸現観」に対応する部分が、「漸次品」と名づけられているのは興味ふかい。

『二万五千頌般若経』のⅥ漸現観に相当する部分の冒頭には、つぎのように説かれている。

「須菩提《しゅぼだい》、仏に白《もう》して言《もう》さく（中略）世尊《せそん》、若し一切法皆無性《むしょう》を以《もっ》て自性《じしょう》と為《な》さば、云何《いかん》が菩薩摩訶薩には、漸次業《ごう》、漸次学《がく》、漸次行《ぎょう》有りて、此の漸次業、漸次学、漸次行に由るが故に無上正等菩提を証得するや」

そしてチベットの般若学では、この経文が、Ⅵ漸現観の総説であると解釈されるのである。

◆十三種の漸現観について

そして『現観荘厳論』は、これ以後の『二万五千頌般若経』の経文を一三段に分科する。

なおこれらは、さらに(1)～(6)六波羅蜜、(7)～(12)仏等の六随念、(13)一切法無自性を知る漸現観の三種に分科されている。なおこ

『二万五千頌般若経』	
木村校訂梵本	『丹珠爾』
1-5～2-6	Vol.51-459-17～461-21
2-7～3-2	462-1～463-10
3-3～3-20	463-11～464-17
3-21～4-11	464-18～466-2
4-12～5-1	466-3～467-7
5-2～5-21	467-8～468-15
5-22～6-12	468-16～470-3
6-13～8-7	470-4～474-1
8-8～8-22	474-2～475-2
8-23～9-5	475-3～475-20
9-6～9-17	476-1～476-18
9-18～9-30	476-19～477-19
10-1～10-15	477-20～479-1
10-16～14-27	479-2～488-18

れらの一三段が、サンスクリット原典とチベット訳のどこに相当するかは、一々説明すると煩わしいので、下の表を参照されたい。

そこで、以下ではヤクトゥン・サンギェーペルの『現観荘厳論註』とタルマリンチェンの『ナムシェー・ニンポギェン』によりながら、その概要を見てゆくことにしたい。

まず『二万五千頌般若経』の、

「須菩提、菩薩摩訶薩は初発心より、布施波羅蜜を修行する時、応《まさ》に自ら布施を行じ、亦《ま》た他に布施を行ずるを勧め、布施の功徳を称揚《しょうよう》し顕示し」

以下の経文が、十三種の漸現観の(1)布施波

表 『現観荘厳論』Ⅵ漸現観と『二万五千頌般若経』

十八種の漸現観	チベット語（七十義）
（総説）	spyir gsuṅs pa
①布施波羅蜜による漸現観	[50] sbyin pa'i pha rol tu phyin pa'i mthar gyis pa'i mṅon par rtogs pa
②戒波羅蜜による漸現観	[51] tshul khrims kyi pha rol tu phyin pa'i mthar gyis pa'i mṅon par rtogs pa
③忍辱波羅蜜による漸現観	[52] bzod pa'i pha rol tu phyin pa'i mthar gyis pa'i mṅon par rtogs pa
④精進波羅蜜による漸現観	[53] brtson 'grus kyi pha rol tu phyin pa'i mthar gyis pa'i mṅon par rtogs pa
⑤禅波羅蜜による漸現観	[54] bsam gtan gyi pha rol tu phyin pa'i mthar gyis pa'i mṅon par rtogs pa
⑥般若波羅蜜による漸現観	[55] śes rab kyi pha rol tu phyin pa'i mthar gyis pa'i mṅon par rtogs pa
⑦仏随念	[56] saṅs rgyas rjes su dran pa
⑧法随念	[57] chos rjes su dran pa
⑨僧随念	[58] dge 'dun rjes su dran pa
⑩戒随念	[59] tshul khrims rjes su dran pa
⑪捨随念	[60] gtoṅ ba rjes su dran pa
⑫諸天随念	[61] lha rjes su dran pa
⑬一切法無自性を知る漸現観	[62] chos thams cad dṅos po med pa'i ṅo bo ñid du śes pa'i mthar gyis pa'i mṅon par rtogs pa

羅蜜による漸現観に相当する。

そしてこれ以下、(6)般若波羅蜜による漸現観に相当する、

「須菩提、菩薩摩訶薩は初発心より、自ら般若波羅蜜を行じつつ布施を行じ、戒を受持《じゅじ》し、忍辱を成就し、精進に発勤《ほつごん》し、禅定を修し、般若を行ず」

以下までが、六波羅蜜による漸現観を明かした経文とされている。

なおチベットの般若学では、悟りを開くためには十波羅蜜が必要で、これが菩薩の十地に対応するとされるが、ここでは(6)の般若波羅蜜に、残りの方便以下の四波羅蜜が摂せられるとされている。

つぎに、

「復た須菩提、菩薩摩訶薩は、漸次業を作《な》し漸次学を修し漸次行を行ずる時、初発心より一切相智相応の作意《さい》を以て、諸法無性を以て其《そ》の自性と為すと信解し、仏随念を修す」

以下の経文が、(7)仏随念に相当するとされる。

さらに、

「復た須菩提、菩薩摩訶薩は般若波羅蜜を修行する時、漸次業を作し漸次学を修し漸次行を行ずるを円満せんと欲するが為に、初発心以来、一切相智相応の作意を以て、諸法無性を以

て其の自性と為すと信解し、内空を修す」

以下の経文が、最後の⑬一切法無自性を知る漸現観に相当するとされるのである。

◆漸現観の意味

チベットの般若学では、Ⅴ頂現観の後にⅥ漸現観が説かれたのは、Ⅴ頂現観を得た最後有《さいごう》（ギュンタ）以下の菩薩は、Ⅰ一切相智／Ⅱ道種智／Ⅲ一切智という個別の三智と、これらをまとめて学ぶⅣ一切相現等覚とⅤ頂現観において覚《さと》られた諸々の義を、順序通りに堅固に修さなくてはならないから、Ⅵ漸現観を説く必要があると考える。

そしてこのⅥ漸現観は、次章で取り上げるⅦ一刹那現等覚の前段階であるから、Ⅵ漸現観とⅦ一刹那現等覚は、因果の関係にあるとされる。

これが、Ⅵ漸現観とⅦ一刹那現等覚が、チベットの般若学で「堅固」の因果と呼ばれた理由である。

そこでⅥ漸現観は、大乗の資糧道から菩薩の最後有にまで存在するとされている。

仏の悟りは一瞬にして開かれる（頓悟《とんご》）のか。三大阿僧祇劫に亘る修行の結果として段階的に覚られる（漸悟《ぜんご》）のかという問題は、チベット仏教の草創期に行われたサムイェーの宗論以来、チベット仏教の重要なテーマとなってきた。

そして、チベットの般若学におけるⅥ漸現観とⅦ一刹那現等覚の関係は、チベット仏教が、この問題をどのように考えてきたかを知るための重要な手がかりとなると思われる。

Ⅶ 一刹那現等覚

第19章

一《いっ》刹《せつ》那《な》現《げん》等《とう》覚《がく》について

前章では、『現観荘厳論』の「八章七十義」の体系において、「四加行」の第三であるⅥ漸現観を取り上げたが、本章では第四のⅦ一刹那現等覚について見ることにしたい。

◆『現観荘厳論』における一刹那現等覚の位置づけ

第二章で見たように、チベットの般若学では、『現観荘厳論』の八章が、Ⅰ一切相智／Ⅱ道種智／Ⅲ一切智の三智を明らかにした第一部と、Ⅳ一切相現等覚／Ⅴ頂現観／Ⅵ漸現観／Ⅶ一刹那現等覚の四加行を説いた第二部、そしてⅧ法身を説いた第三部の三つにまとめられ、この三部が、「基礎・道・果」（シ・ラム・デー）という、チベット仏教の伝統的概念に基づいて解釈されると述べた。

そして「一刹那現等覚」は、このうち第二部の最後を飾る章で、その内容はさらに、

「(1)未熟《みじゅく》一切《いっさい》無漏法《むろほう》一刹那現等覚、(2)異熟《いじゅく》一切無漏法一刹那現等覚、(3)無相《むそう》一切法一刹那現等覚、(4)不二相《ふにそう》一切法一刹那現等覚」の四義に分けられる。そしてこれらは、「七十義」では第63から第66までに相当する。

衆生は発心してから、三大阿僧祇劫という無限に近い時間をかけて福徳・智慧の資糧を積み、法身を成就する、つまり悟りを開くことになる。そして四加行の最後に置かれた「一刹那現等覚」こそは、修行を完成させて成仏する「最後有《さいごう》の菩薩」の悟りの瞬間に何が起こるかという、仏教にとって最も重要なトピックを扱っているのである。

◆『二万五千頌《じゅ》般若経』における一刹那現等覚

『二万五千頌般若経』においてⅦ一刹那現等覚に対応する部分は、ネパールに伝存するサンスクリット原典では、木村高尉氏校訂テキストにして二六頁ほど、チベット訳（中国蔵学研究中心編『丹珠爾』所収本）でも六〇頁と、けっして長くない。

いっぽう『二万五千頌般若経』に相当する玄奘訳『大般若波羅蜜多経』「第二分」では「無相《むそう》品《ほん》」の途中から「無雑《むぞう》品」の終わりまでに対応するとされるが、漢訳の章節の分かち方は、『現観荘厳論』に基づく解釈学とは、必ずしも一致しない。

なお『二万五千頌般若経』の「一刹那現等覚」に相当する部分の冒頭には、つぎのように説かれている。

「爾《そ》の時須菩提《しゅぼだい》、仏に白《もう》して言《もう》さく。世尊《せそん》、云何《いかん》が菩薩摩訶薩《ぼさつまかさつ》は般若波羅蜜を修行する時、一心に六波羅蜜を具摂《ぐしょう》するや。亦《ま》た能《よ》く四静慮《しじょうりょ》・四無量《しむりょう》・四念処《しねんじょ》・四無色定《しむしきじょう》・（中略）三《さん》十二相《じゅうにそう》・八十種好《はちじっしゅごう》を具摂するや」

そしてチベットの般若学では、この経文が、Ⅶ一刹那現等覚の総説であると解釈されるのである。

◆四種の一刹那現等覚について

そして『現観荘厳論』は、これ以後の『二万五千頌般若経』の経文を四段に分科し、それらを四種の一刹那現等覚に配当する。

なおこれら四種の一刹那現等覚が、『二万

	『二万五千頌般若経』	
	（木村校訂梵本）	『丹珠爾』
	15-1 ～ 15-16	Vol.51-488-19 ～ 489-17
	15-17 ～ 27-8	489-18 ～ 517-10
	27-9 ～ 29-7	517-11 ～ 522-8
	29-8 ～ 38-22	522-9 ～ 542-7
	38-23 ～ 41-13	542-8 ～ 548-3

五千頌般若経』の原典とチベット訳のどこに相当するかは、一々説明すると煩《わずら》わしいので、下の表を参照されたい。これら四種の一刹那現等覚は、他の論書にも、ほとんど見られず、日本の伝統的仏教学にも知られていないので、ここではタルマリンチェンの『ナムシェー・ニンポギェン』によりながら、その概要を見てゆくことにしたい。

まず『二万五千頌般若経』の、

「須菩提、菩薩摩訶薩は、斯《か》くの如く般若波羅蜜を行ずるに、一心を現起《げんき》すれば、六波羅蜜を円満す」

という経文は、四種の一刹那現等覚の(1)未熟一切無漏法一刹那現等覚に相当する。つまり多が一を摂《しょう》するだけでなく、一も多を摂する

表　『現観荘厳論』Ⅶ一刹那現等覚と『二万五千頌般若経』

	チベット語「七十義」
（総説）	spyir gsuṅs pa
1.未熟一切無漏法一刹那現等覚	[63] rnam smin ma yin pa'i skad cig sbyor
2.異熟一切無漏法一刹那現等覚	[64] rnam par smin pa'i skad cig sbyor
3.無相一切法一刹那現等覚	[65] mtshan ñid med pa'i skad cig sbyor
4.不二相一切法一刹那現等覚	[66] gñis su med pa'i skad cig sbyor

という大乗仏教の論理により、一つの無漏法が一切の無漏法を摂するから、最後有の菩薩は、一刹那の一心で一切の無漏法を現証することができる。これを『現観荘厳論本頌』第2偈《げ》は、人が水車の一部分を押しただけで、水車全体が回転することに喩《たと》えている。

つぎに、

「是の（菩薩摩訶薩）は異熟法なる菩提の中に住して、六波羅蜜を円満し」

以下の経文が、(2)異熟一切無漏法一刹那現等覚に相当するとされる。無量劫《こう》に亘《わた》る般若波羅蜜の修習《しゅじゅう》により、煩悩《ぼんのう》・所知《しょち》の二障《にしょう》が除かれ、無漏なる異熟の智が生じるからである。これを『現観荘厳論』は、二障の雲霧が晴れて清澄な秋月が現れることに喩える。

また、

「菩薩摩訶薩は般若波羅蜜を行ずる時、夢の如き五取蘊の中に安住して布施を行ず」

から、

「般若を修す」

までの経文が、(3)無相一切法一刹那現等覚に相当するとされる。

さらに、

「菩薩摩訶薩は般若波羅蜜を修行する時、夢を見ず。夢を見る者を見ず」

の経文が、最後の(4)不二相一切法一刹那現等覚に相当する。なおここで「不二」というのは、所《しょ》取《しゅ》・能取《のうしゅ》の二、つまり主観・客観の二元対立が存在しないという意味である。上掲の経文では、夢が所取（客観）、夢を見る者が能取（主観）に相当する。タルマリンチェンによれば、所取・能取の二がないという諸法の真実を、まさに一刹那において現前することが究極の加行であり、最後有の菩薩は、所取・能取の二元対立という習気《じっけ》から完全に脱却しているので、このように覚ることができるとされている。

◆一刹那現等覚の意味

チベットの般若学では、これら四種の一刹那現等覚は、すべて最後有（ギュンタ）、つまり悟りを開く直前の菩薩の心相続にのみ存在するとされている。したがって四種一刹那現等覚は、(1)を修してから(2)を修するというものではなく、本質的に同一の一刹那現等覚を四種に開いたものに他ならない。

そして最後有の次の刹那に、菩薩は悟りを開いて法身を現証することになるから、一刹那現等覚は、まさに衆生から仏への劇的な転換点といえる。

ブッダは如何《いか》にして悟りを開いたのか。多くの仏教者が、種々の観点から、この問題に答えてきたが、一刹那現等覚は、『般若経』に基づく大乗仏教教理の体系化という『現観荘厳論』の立場から、この問題を解明したものといえよう。

そして、ここで与えられた回答は、三大阿僧祇劫《さんだいあそうぎこう》に亘る修行の結果として、煩悩・所知の二障が完全に取り除かれると、一刹那に一切の無漏法を現証することができる。そして一切法は夢の如く無相であり、所取・能取の二を離れた不二であるということである。

所取・能取の不二は、『現観荘厳論』だけではなく、他の唯識系論書や、チベット密教でも極めて重要な思想となるが、「ブッダは、『般若経』で一切法の空《くう》・無自性《むじしょう》を説いた時、舎利弗尊《しゃりほっそん》者《じゃ》の顔が見えていなかったのか?」というような設問がチベットでもなされたほど難解で、種々の誤解も受けてきた。

この問題については、いずれ他の著作で、改めて論じたいと考えている。

Ⅷ 法身

第20章 二十一種無漏《むろ》智《ち》について

前章では、『現観荘厳論』「八章七十義」の体系において、「四加行《しけぎょう》」の最後を飾るⅦ一刹那現《いっせつなげん》等覚《とうがく》を概観した。本章からは、いよいよ『現観荘厳論』の最終章となるⅧ法身《ほっしん》を見ることにする。

本章では、そのうちⅧ法身の⑴自性身《じしょうしん》に説かれる「二十一種無漏智」ついて紹介することにしたい。

◆『現観荘厳論』における二十一種無漏智の位置づけ

これまで見てきたように、チベットの般若学では、『現観荘厳論』の八章が、Ⅰ一切相智《いっさいそうち》／Ⅱ道種智《どうしゅ》／Ⅲ一切智の三智を明らかにした第一部と、Ⅳ一切相現等覚／Ⅴ頂《ちょう》現観／Ⅵ漸《ぜん》現観

北京 No.5188
ca, 258b1-258b4
ca, 258b4-259a1
ca, 259a2-259a5
ca, 259a6-259a8
ca, 259a8-402b4

／Ⅶ一刹那現等覚の四加行を説いた第二部、そしてⅧ法身を説いた第三部の三つにまとめられ、この三部が、「基礎・道・果」（シ・ラム・デー）という、チベット仏教の伝統的概念に基づいて解釈される。『現観荘厳論』でⅦ一刹那現等覚の後にⅧ法身が説かれたのは、Ⅶ一刹那現等覚の次の瞬間に、Ⅷ法身が現証されるからである。

そして『現観荘厳論本頌《ほんじゅ》』では、Ⅷ法身の第二偈《げ》から第六偈までに、二十一種無漏智が説かれている。

ところが後述のように、チベットの般若学では、この二十一種無漏智を智法身として別立する四身説と、自性身であるとする三身《さんじん》説がある。いっぽう「七十義」の体系では、自性身と

表１　『二万五千頌般若経』法身対応部分

四身と事業	「七十義」	『二万五千頌般若経』（木村校訂梵本）	『二万五千頌般若経』『丹珠爾』
自性身	[67] 自性身	43-6 ～ 43-10	Vol.51-548-4 ～ 548-10
智法身		43-11 ～ 43-21	548-10 ～ 549-6
報身	[68] 報身	43-22 ～ 43-29	549-7 ～ 549-17
応身	[69] 応身	43-30 ～ 44-4	549-18 ～ 550-6
事業	[70] 事業	44-5 ～ 179-25	550-7 ～ 847-18

智法身は、ともに第67の「自性身」に含まれている。（前頁・表1参照）

◆『二万五千頌般若経』における二十一種無漏智

『二万五千頌般若経』において『現観荘厳論』の二十一種無漏智に対応する部分は、ネパールに伝存するサンスクリット原典では、木村高尉氏の校訂テキストの第六分冊の四三頁の一一行目から二一行目までに相当する。

またチベット訳（中国蔵学研究中心編『丹珠爾《タンジュル》』所収本）では、第五一巻の五四八頁の第一〇行から五四九頁の第六行までに相当する。

いっぽう漢訳では、鳩摩羅什訳『大品般若経』はもとより、現行のサンスクリット原典に比較的近い玄奘訳『大般若波羅蜜多経』「第二分」にも、対応する経文を見いだすことができない。

この事実は、『二万五千頌般若経』の二十一種無漏智に相当する経文が、『現観荘厳論』に基づく「七十義」の体系が成立してから、それに一致するように挿入されたことを示唆している。

それでは『二万五千頌般若経』で、二十一種無漏智に対応する経文の全文を、以下に引用してみよう。なお当該箇所には漢訳が存在しないが、ここでは他の経文に合わせて、漢文読み下し調の訳文としている。

表2　二十一種の無漏法

『二万五千頌般若』	『現観荘厳論』	『大般若経』「初分菩薩品」
1.三十七菩提分法	1.三十七菩提分法	4.四念住　四正断　四神足　五根　五力　七等覚支　八聖道支
2.四無量	2.四無量	2.四無量
3.八解脱	3.八解脱	
4.九次第定	4.九次第定	1.出世間四静慮　3.四無色定
5.十遍処	5.十遍処	
6.八勝処	6.八勝処	
7.無諍三昧	7.無諍三昧	
		5.三解脱門
		6.六到彼岸
		7.五眼
8.願智	8.願智	
9.六神通	9.六神通	8.六神通
10.四無碍	10.四無碍	11.四無礙解
11.四種一切相清浄	11.四種一切相清浄	
12.十自在	12.十自在	
13.十力	13.十力	9.佛十力
14.四無畏	14.四無畏	10.四無所畏
15.三無護	15.三無護	
16.三念処	16.三念処	
17.三無忘失法	17.三無忘失法	
18.抜除習気	18.抜除習気	
19.大悲	19.大悲	12.大慈大悲大喜大捨
	20.十八不共仏法	13.十八佛不共法
20.一切相智性	21.一切相智性	16.一切相智
21.道種智性		15.道相智
22.一切智性		14.一切智

「須菩提白《しゅぼだいもう》して言《もう》さく。世尊《せそん》。云何《いかん》が無漏の一切法なるやと。仏、須菩提に告げたまわく。謂《いわ》ゆる三十七菩提分法《さんじゅうしちぼだいぶんぽう》、四無量《しむりょう》、八解脱《はちげだつ》、九次第定《くしだいじょう》、十遍処《じっぺんじょ》、八勝処《はっしょうしょ》、無諍三昧《むじょうざんまい》、願《がん》智《ち》、六神通《ろくじんづう》、四無碍《しむげ》、四種一切相清浄《ししゅいっさいそうしょうじょう》、十自在《じゅうじざい》、十力《じゅうりき》、四無畏《しむい》、三無護《さんむご》、三念処《さんねんじょ》、三無《さんむ》忘失法《もうしっぽう》、抜除習気《ばつじょじっけ》、大悲《だいひ》、一切相智性《しょう》、道種智性、一切智性、此《こ》れ等を無漏の一切法と名づくと」

この一節は、漢訳には見いだすことができないが、『現観荘厳論』ではⅠ一切相智に相当する『大品般若経《だいぼん》』「句義品《くぎ》」と、『大般若波羅蜜多経』「初分菩薩品《しょぶん》」や「第二分譬喩品《ひゆ》」に、ブッダが須菩提の問いに答えて、無漏法を列挙する経文が見いだされる。無漏法の配列は完全には一致しないが、このような経文が、『現観荘厳論』が成立してから、それに一致するように挿入されたと考えられる。（前頁・表2参照）

◆『現観荘厳論』における二十一種無漏智

いっぽう『現観荘厳論』では、Ⅷ法身の(1)自性身に相当する第二偈から第六偈までに、二十一種の無漏法が列挙されている。

「菩提分（法）と、（四）無量と（八）解脱、九次第定、十遍処」（第二偈）

「八勝処、無諍（三昧）、願智、（六）神通、（四）無碍」（第三偈）
「四種一切相清浄、十自在、十力、四無畏、（三）無護」（第四偈）
「三念処、（三）無忘失法、抜除習気、衆生への大悲」（第五偈）
「牟尼《むに》の十八不共《ふぐ》法と一切相智性が、法身であるといわれる」（第六偈）

なお『二万五千頌般若経』と『現観荘厳論』を比較すると、『現観荘厳論』には前者にはない十八不共仏法が加わり、前者には後者にない道種智性と一切智性が含まれている。しかし『二万五千頌般若経』のみに説かれる道種智性と一切智性は、『現観荘厳論』では一切相智性に摂《しょう》せられるとされている。

◆二十一種無漏智と三身説・四身説

前掲の『現観荘厳論』Ⅷ法身の第六偈によれば、これら二十一種の無漏法が、如来の法身とされている。

なお二十一種無漏智の筆頭に挙げられる三十七菩提分法は、ブッダが入滅を前に一代の教法の総括《そうかつ》として説いたとされている。いっぽう四無量以下は、唯識系論書で「仏功徳法」、つまり仏の徳性を示すダルマと呼ばれたものに相当する。

そこでチベットの般若学では、二十一種の無漏法の集合体である法身を、Ⅷ法身の主題である三身あるいは四身の総体と区別するために「智法身」と呼ぶようになった。そしてこれら二十一種の無漏法は、智法身の構成要素であるから、「二十一種無漏智」（サクメーイェシェー・デッェンニェルチクポ）と呼ばれるようになった。

チベットの般若学では、Ⅷ法身に説かれる仏身は、自性身・報身《ほうじん》・応身《おうじん》の三身なのか、これに智法身を加えた四身なのかに関して、長らく論争が行われてきた。

これには複雑な経緯があるが、要約すれば、上述の二十一種無漏智を自性身とするのか、智法身と立てるのかの相違であると考えてよい。

例えば三身説を採る聖解脱軍《しょうげだつぐん》は、『二万光明《こうみょう》』（ニティナンワ）において、前掲のⅧ法身の第六偈に現れる「法身」の語は「法性《ほっしょう》身」と解すべきであり、二十一種無漏法を法身とすると、自性身の「自性」と矛盾することになり、二十一種無漏法には修行の要素があるから有為《うい》となり、人為的に作られたものでない（無為《むい》）という自性身の定義にも反することになると述べている。

◆まとめ

チベット仏教で『現観荘厳論』のⅧ法身に関して展開された議論は、日本仏教で「仏身論」と呼ばれるもの相当する。

日本仏教では、法身とは仏教の真理（ダルマ）自体を仏格化したものと解釈されることが多かった。

ところが法身には、特定のダルマの集合体という、もう一つの解釈が存在したことが指摘されている。これは法身の身に相当するサンスクリット語「カーヤ」に、「身体」だけでなく、「集積」「集合体」という意味があるからである。二十一種無漏智を法身の構成要素とする『現観荘厳論』の設定は、特定のダルマの集合体を「法身」と考える思想に基づくものといえよう。

これに対して日本では、法身・報身（受用身《じゅゆうしん》）・応身（変化身《へんげしん》）の三身説が普通で、四身説は一般的ではなかった。また四身を立てる場合も、報身を自受用・他受用の二つに開く説や、応身を変化身と等流身《とうる》に分ける説などがあって、チベットの般若学とは異なっている。

チベットのように法身を二つに分ける思想としては、法身を理《り》法身と智法身に分ける真言密教の説があるが、この場合も、日本では理法身を自性身とは呼ばず、自性身は法身の異名と考えることが多い。

これに対して、チベットの般若学で智法身を立てるのは、『現観荘厳論』では、仏の三身あるいは四身を説いた第八章全体がⅧ法身と呼ばれたからであると思われる。そのため三身あるいは四身の総体である「法身」と通常の法身を区別するため、通常の法身を「自性身」と呼び、それとは別に智法身が立てられたとも考えられる。

何《いず》れにしても『現観荘厳論』のⅧ法身で展開された議論は、日本仏教の仏身論を考える上でも、参考になる論点が多い。

したがってこの問題については、次章で詳しく説明することにしたい。

第21章 自《じ》性《しょう》身《しん》について

前章では、『現観荘厳論』のⅧ法身から二十一種無漏智を概観した。このトピックは、「七十義」においてはⅧ法身の⑴自性身に含まれるが、前章で見たように、その解釈を巡って古来から多くの議論があった。そこで本章では、前章の議論を踏まえて、Ⅷ法身の中から⑴自性身について、解説することにしたい。

◆『現観荘厳論』における自性身の位置づけ

これまで見てきたように、チベットの般若学では、『現観荘厳論』の八章が、Ⅰ一切相智Ⅱ道種智Ⅲ一切智の三智を明らかにした第一部と、Ⅳ一切相現等覚／Ⅴ頂現観／Ⅵ漸現観／Ⅶ一刹那現等覚の四加行を説いた第二部、そしてⅧ法身を説いた第三部の三つにまとめられ、この三部が、「基礎・道・果」（シ・ラム・デー）という、チベット仏教の伝統的概念に基づいて解釈される。

そして⑴自性身は、このうちⅧ法身を構成する四つのトピックの第一とされ、『現観荘厳論本《ほん》頌《じゅ》』では、Ⅷ法身の第一偈《げ》が自性身を説いたものとされている。

ところが前章で見たように、チベットの般若学には、自性身と智法身を別立しない三身説もある。その場合は智法身を説く第二偈から第一一偈までが自性身に含まれることになる。「七十義」の体系でも、自性身と智法身は、ともに第67の「自性身」に含まれている。

◆『二万五千頌般若経』における自性身

『二万五千頌般若経』において『現観荘厳論』のⅧ法身の⑴自性身に対応する部分は、ネパールに伝存するサンスクリット原典では、木村高尉氏の校訂テキストの第六分冊四三頁の頭から一〇行目までを占めている。なお前述のように、自性身と智法身を別立しない三身説によれば、智法身に配当される同頁二一行目までが自性身を説いた部分となる。

またチベット訳（中国蔵学研究中心編『丹珠爾』所収本）では、第五一巻の五四八頁の第四行から一〇行（三身説では五四九頁の第六行）までに相当する。

いっぽう漢訳では、鳩摩羅什訳『大品般若経』はもとより、現行のサンスクリット原典に比較的近い玄奘訳『大般若波羅蜜多経』「第二分」にも、対応する経文を見いだすことができない。

この事実は、『二万五千頌般若経』のⅧ法身の自性身から応身に相当する経文が、『現観荘厳論』に基づく「七十義」の体系が成立してから、それに一致するように挿入されたことを示唆している。

それでは『二万五千頌般若経』で、自性身に対応するとされる経文の全文を、以下に引用してみよう。なお当該箇所には漢訳が存在しないが、ここでは他の経文に合わせて、漢文読み下し調の訳文としている。

「復《ま》た次に須菩提《しゅぼだい》、夢の如く無実《むじつ》にして、無性《むしょう》を性とし、自相空《じそうくう》にして、一切相清浄《いっさいそうしょう》にして無漏《むろ》なる一切法の自性は一相にして、即ち無相なり。是を如来応供《おうぐ》正等覚者と知るべし。須菩提、菩薩摩訶薩は、般若波羅蜜に於いて是《かく》の如く学すべし」

なおこの後には、前章で引用した「二十一種無漏智」を説いた経文が続いている。三身説を採る場合は、ここまでが自性身に対応する経文となる。

◆『現観荘厳論』における自性身

つぎに『現観荘厳論』において、自性身を説いたとされるⅧ法身の第一偈を見ることにしよう。

「無漏の諸法が一切相において清浄になったもの。その自性の相が牟尼《むに》の自性身なり」

そして他の三身、すなわち智法身・報身《ほうじん》・応身《おうじん》は、勝義《しょうぎ》においては法性《ほっしょう》の姿であるものが、それぞれ仏（智法身）・菩薩（報身）・声聞《しょうもん》等（応身）の行境《ぎょうきょう》に応じて、世俗諦《せぞくたい》として化現《けげん》したものだという。

◆自性身の特相《とくそう》

ヤクトゥン・サンギェーペルの『現観荘厳論註』によれば、自性身とは、断証《だんしょう》（パントク）を本性とする仏の不生《ふしょう》の自性である。それは（人為的努力によって）作られたものではないから自性身と呼ばれる。このうち断（パン）とは、（煩悩《ぼんのう》・所知《しょち》の）二障《にしょう》が習気《じっけ》と共に完全に浄《きよ》められていること。証（トク）とは、念処《ねんじょ》等の出世間智《しゅっせけんち》、すなわち前章で紹介した二十一種無漏智の本体である法界《ほっかい》の自性の無漏とされている。

いっぽうタルマリンチェンの『ナムシェー・ニンポギェン』では、このような自性身に三種の特相があるとする。その一は具有《ぐう》の特相 ldan pa’i khyad par で、念処等の二十一種無漏法を具有すること。第二は遠離《おんり》の特相 bral ba’i khyad par で、（煩悩・所知の）二障が習気と共に完全に浄められていること。第三は自性の特相 no bo’i khyad par で、それらの無漏智の自性が諦空《たいくう》の相をもつ（煩悩・所知の）二障が浄められた仏身であることとされている。

これらの説明は、前述の『現観荘厳論』Ⅷ法身の第一偈に、ハリバドラの『現観荘厳光明』と

『小註』が加えた散文の解説の内容をまとめたものと思われる。

◆三身説と四身説の相違

チベットの般若学では、Ⅷ法身に説かれる仏身は、自性身・報身・応身の三身なのか、これに智法身を加えた四身なのかに関して、長らく論争が行われてきた。

これは『現観荘厳論』の内容をまとめた「ルーナムシャク」lus rnam bźag が、つぎのように説いているからである。

「自性と報（身）と、応（身）とそれから他のもの。事業《じごう》を伴《ともな》う法身の、四種が説かれた」（序第一七偈）

右の偈では、第一句に自性身と報身、第二句に応身が説かれており、三身説では、第三句に説かれる「事業を伴う法身」を「七十義」の最後のトピックである(4)法身の事業を明かしたものと解釈する。もし「事業を伴う法身」の「法身」が、智法身を意味するものなら、自性身と報身の間に説かれていた筈だというのである。

これに対して四身説では、「事業を伴う法身」の「法身」を、三身の総体としての法身ではなく、第四の仏身と解する。そこでチベットの般若学では、この「法身」を三身あるいは四身の総体である法身と区別して、「智法身」と呼ぶのである。

◆三身説と四身説の系統

インドでは『現観荘厳論』に基づいて『二万五千頌般若経』を註釈した聖解脱軍《しょうげだつぐん》が三身説を採ったことが知られるが、その後、般若学の大成者とされるハリバドラが四身説を唱えた。その後ラトナーカラシャーンティやアバヤーカラグプタが、ハリバドラの四身説を批判したが、彼の『現観荘厳光明』と『小註』の影響力を弱めることはできなかった。

いっぽうチベットでは、ヤクトゥン・サンギェーペル、ニャウン・クンガペルらがハリバドラの四身説を支持した。そしてツォンカパも三身説を批判して四身説を主張したため、チベット仏教ゲルク派では、四身説が広く行われるようになった。

これに対して三身説は、ロントゥンやコラムパなど、サキャ派の学匠の間で行われた。しかしサキャ派の般若学の祖ヤクトゥンが四身説を支持していたことからも分かるように、ツォンカパ以後のサキャ派の三身説は、一種の宗派的対抗意識の反映と見ることもできる。またカルマ派のミキュードルジェのように、三身説と四身説は開合《かいごう》の差に過ぎないとの意見もあった。

◆まとめ

チベットで『現観荘厳論』のⅧ法身で展開された三身説と四身説の論争は、日本仏教で「仏身論」と呼ばれるものに相当する。

前述のヤクトゥンは、『現観荘厳論』序の一七偈で、智法身が自性身と報身の間に説かれなかったのは、韻律《いんりつ》上の都合によるものであり、法身が事業とともに説かれたのは、法身の二十一種の事業（本書最終章参照）が、法身の衆生救済の働きに他ならないことを示すものだと述べている。

チベット仏教では、抽象的理法である法身が衆生利益《しゅじょうりやく》という働きをもつかが、しばしば議論されてきた。

二十一種無漏智の筆頭に挙げられる三十七菩提分法は、ブッダが一代の教化の総括として説いた教法で、これが滅後の衆生を利益することは、チベットでも広く承認されていた。いっぽう四無量以下の「仏功徳法」（前章参照）が衆生救済の働きをもつことは、『阿毘達磨集論《あびだつましゅうろん》』に明らかにされている。したがって二十一種無漏智を智法身と考えれば、智法身の定義ともいうべき「（衆生救済の）事業を伴う法身」の要件を満たすことになる。

また智法身の本体とされる二十一種無漏智のうち、三無護《さんむご》・三念処《さんねんじょ》・大悲《だいひ》等は、仏が衆生に接するあり方であるから、色身の仏の存在を前提としている。しかし三十七菩提分法《さんじゅうしちぼだいぶんぽう》、十遍処《じっぺんじょ》、八勝処《はっしょうしょ》等は仏が説いた修道法《しゅどうほう》であり、応身仏の滅後も、それを実践する衆生を利益することができる。したがって二十一種無漏法を、衆生救済の働きをもつ智法身と立てることは、法身の衆生救済が不断であり、仏滅後の衆生にまで及ぶ（本書最終章参照）という要請上からも妥当だということになる。

つまりチベットで四身説が支持されたのは、救済者論 soteriology の上から、チベット人の心性にマッチするものがあったからではないかと著者は考えている。

何《いず》れにしても『現観荘厳論』のⅧ法身で展開された議論は、大乗仏教の仏身論を考える上で参考になる論点が多く、今後の研究の発展が期待される分野といえよう。

第22章 報身《ほうじん》の五決定《ごけつじょう》

前章では、『現観荘厳論』Ⅷ法身《ほっしん》の(1)自性身《じしょうしん》を概観した。このトピックはⅧ法身の(1)で、「七十義」では第67となる。本章では前章に引き続き、Ⅷ法身の(2)報身について解説することにしたい。

◆『現観荘厳論』における報身の位置づけ

これまで見てきたように、チベットの般若学では、『現観荘厳論』の八章が、Ⅰ一切相智／Ⅱ道種智／Ⅲ一切智の三智を明らかにした第一部と、Ⅳ一切相現等覚／Ⅴ頂現観／Ⅵ漸現観／Ⅶ一刹那現等覚の四加行を説いた第二部、そしてⅧ法身を説いた第三部の三つにまとめられ、この三部が、「基礎・道・果」（シ・ラム・デー）という、チベット仏教の伝統的概念に基づいて解釈される。

そして「報身」は、このうちⅧ法身を構成する四つのトピックの第二で、『現観荘厳論本頌《ほんじゅ》』では、Ⅷ法身の第一二偈《げ》から三二偈までが報身を説いたものとされている。

四身説を採る場合、報身は第三の仏身となるが、「七十義」では自性身と智法身が、ともに⑴自性身に含まれるので、「七十義」では、⑵報身は⑴自性身の次の第68となる。（表参照）

◆『二万五千頌般若経』における報身

『二万五千頌般若経』において『現観荘厳論』のⅧ法身の⑵報身に対応する部分は、ネパールに伝存するサンスクリット原典では、木村高尉氏の校訂テキストの第六分冊四三頁の二二行から二九行目までを占めている。

またチベット訳（中国蔵学研究中心編『丹珠爾』所収本）では、第五一巻の五四九頁の第七行から一七行までに相当する。

いっぽう漢訳では、鳩摩羅什訳『大品般若経』はもとより、現行のサンスクリット原典に比較的近い玄奘訳『大般若波羅蜜多経』「第二分」にも、対応する経文を見いだすことができない。

それでは『二万五千頌般若経』で、報身に対応するとされる経文の全文を、以下に引用してみよう。なお当該箇所には漢訳が存在しないが、ここでは他の経文に合わせて、漢文読み下し調の訳文としている。

「復《ま》た次に須菩提《しゅぼだい》。般若波羅蜜を学して、彼の一切法を証得《しょうとく》し、無上正等菩提《むじょうしょうとうぼだい》を現等覚《げんとうがく》し、一切の三十二相八十種好《しゅごう》に身を厳浄《ごんじょう》せらるる如来応供《おうぐ》正等覚者となりて、諸《もろもろ》の菩薩摩訶薩の快楽歓喜受用《けらくかんぎじゅゆう》の為に、無上の大乗法を宣説《せんぜつ》す。須菩提。菩薩摩訶薩は、般若波羅蜜に於いて、是《かく》の如く学すべし」

◆『現観荘厳論』における報身

いっぽう『現観荘厳論本頌』では、Ⅷ法身の第一二偈に、つぎのように報身が総括されている。「三十二相と八十種好を自性とするそれが、大乗の受用《じゅゆう》の故に、牟尼《むに》の報身と説かれる」そして第一三偈から一七偈までに三十二相、第二一偈から三一偈までに八十種好が列挙されている。その間の第一八偈から二〇偈までには、どのような善行によって仏が三十二相を成就《じょうじゅ》するかが説かれ、「経に説く如し」としている。なお『大般若波羅蜜多経』「第二分衆徳相品《しゅとくそうほん》」には三十二相八十種好が列挙されるが、この一節はⅧ法身の(2)報身ではなく、(4)法身の事業《じごう》に対応するとされている。

◆報身の五決定《けつじょう》

報身の五決定 loṅs sku'i ṅes pa lṅa とは、チベットの般若学において、如来の報身が有するとされた五つの特性を意味する。五決定といっても、我国には耳慣れない術語であるが、チベットでは辞書に項目が立てられるほど広く知られている。五決定の次第は一定していないが、ヤクトゥンの『現観荘厳論註』によれば、以下の通りである。

①処《しょ》決定——住処《じゅうしょ》は色究竟天《しきくきょうてん》の上層にある大自在天《だいじざいてん》の住処のみに住する。
②身《しん》決定——身体は明澄《めいちょう》で完全な（三十二）相（八十種）好《ごう》によって飾られる。
③眷属《けんぞく》決定—十地の菩薩の眷属のみに囲繞《いにょう》される。
④法《ほう》決定——彼らに大乗の法のみを説く。
⑤時《じ》決定——恒《つね》に間断《かんだん》なく存在する。

◆五決定の典拠《てんきょ》

なおチベット仏教ゲルク派の学匠で、セラ寺チェーパ学堂の学祖とされるセラ・ジェプツンは、その『現観荘厳論注疏《ちゅうしょ》』において次のように述べている。

「五決定と言われているものも、経論等において、いくつかの箇所に説かれていることをまとめ

『二万五千頌般若経』	『現観荘厳論』
	○
○	
○	

たものであるが、これらを一つにまとめて説く権威あるテキストはない。『レクシェー・セルテン』にも、〈ここで五決定を有するというのは、『摂《しょう》義灯《ぎとう》』（トゥンドゥードンメ）に《決定は四つであり、眷属と、処と、教主と、法とであって》とあるより他には見えず、これでは根拠とすることができない（中略）〉と仰《おお》せられているからである」

なお『レクシェー・セルテン』とは、ツォンカパが著した『現観荘厳論』の註釈で、彼が同書で引用した『摂義灯』は、アティーシャが著した『般若経』の綱《こう》要書《ようしょ》である。この引用部分だけでは、同書に説かれる四決定の内容までは分からないので、これに引き続く箇所を以下に紹介する。

「決定は四つであり、眷属と、処と、教主と、法とであって、これによって、欲するままに享受《きょうじゅ》

表　報身の五決定

ヤクトゥン	『摂義灯』	内　容
①処決定	2.処決定	色究竟天のみに住する。
②身決定	3.教主決定	三十二相八十種好によって飾られる。
③眷属決定	1.眷属決定	十地の菩薩の眷属のみに囲繞される。
④法決定	4.法決定	彼らに大乗の法のみを説く。
⑤時決定		恒に間断なく存在する。

をなさるから、受用身《じゅゆうしん》（報身）［であり］眷属の地決定は十地《じゅうじ》のみであるとハリバドラは仰せられるが、［ラトナーカラ］シャーンティは、見道以上の菩薩であるといっている。処は色究竟天であり、その法は大乗の法のみ、教主《きょうしゅ》は（三十二）相（八十種）好に飾られたお姿に他ならない」

このようにアティーシャは、眷属の菩薩が住する地については、ハリバドラとラトナーカラシャーンティの意見が相違するとし、《処は色究竟天》、《法は大乗の法のみ》であり、《教主は相好に飾られたお姿に他ならない》と述べている。

したがって『摂義灯』の四決定のうち、唯一名目が一致しなかった「教主決定」は、五決定の身決定と同一であることが分かる。（前頁・表参照）

◆まとめ

前述のように『現観荘厳論本頌』Ⅷ法身の⑵報身の内容のほとんどは、ブッダの身体的特徴である三十二相八十種好に関するもので占められていた。

そもそも報身とは、ブッダが過去の善行の果報を享受する身体であり、三十二相八十種好の一々は、それぞれ特定の善行の果報として備わったとされている。したがって報身の②身決定として、三十二相八十種好が説かれたのは、理に適《かな》っている。

いっぽう『二万五千頌般若経』の前掲箇所に「諸の菩薩摩訶薩の快楽歓喜受用の為に、無上の大乗法を宣説す」とあることから、眷属は高位の菩薩のみ、法は大乗の教えのみとする③眷属決定と④法決定が定まったと考えられる。なお日本の仏身論では、報身をしばしば自受用身《じじゅゆうしん》と他受《た》用身に開くが、仏が自ら大乗の法楽を享受するのが自受用、眷属の菩薩に法楽を与えるのが他受用に相当する。

また報身が恒に間断なく存在するという⑤時決定は、日本で報身を有始無終《うしむじゅう》、すなわちブッダが悟りを開いた瞬間に出現するが、応身が涅槃《ねはん》に入っても消滅することがないとするのに通じるものといえる。

これに対して①処決定は、インド撰述の他のテキストには見られず、アティーシャによって般若学に持ち込まれたことが分かった。しかし著者が、『性と死の密教』（春秋社）で論じたように、報身の①処決定は、ブッダの色究竟天成仏説を承《う》ける思想であり、大乗仏教から密教に至る長い歴史的背景をもっている。

なおヤクトゥンは、色究竟天を大自在天の住む最高天と同一視していたが、後のチベットの般若学では、『密厳経《みつごんきょう》』に説かれる密厳浄土、『大日経』に説かれる法界宮殿《ほっかいぐうでん》などと同一視し、単なる色界《しきかい》の最高処ではないという説が有力になった。

何れにしても『現観荘厳論』Ⅷ法身の(2)報身で展開された五決定に関する議論には、大乗の仏身論を考える上で参考になる論点が多く、興味深いトピックといえる。なおこの問題については、著者は他の著作で論じているので、詳しくはそちらを見られたい。

第23章 応身《おうじん》について

前章では、『現観荘厳論』Ⅷ法身《ほっしん》の(2)報身《ほうじん》を概観した。本章では前章に引き続き、Ⅷ法身の(3)応身について解説することにしたい。なお四身説を採る場合、応身は第四の仏身となるが、「七十義」では自性身《じしょうしん》と智法身が、ともに(1)自性身に含まれるので、(3)応身は第六九となる。

◆『現観荘厳論』における応身の位置づけ

これまで見てきたように、チベットの般若学では、『現観荘厳論』の八章が、Ⅰ一切相智／Ⅱ道種智／Ⅲ一切智の三智を明らかにした第一部と、Ⅳ一切相現等覚／Ⅴ頂現観／Ⅵ漸現観／Ⅶ一刹那現等覚の四加行を説いた第二部、そしてⅧ法身を説いた第三部の三つにまとめられ、この三部が、「基礎・道・果」（シ・ラム・デー）という、チベット仏教の伝統的概念に基づいて解釈される。

そして「応身」は、このうちⅧ法身を構成する四つのトピックの第三で、『現観荘厳論本頌《ほんじゅ》』では、

Ⅷ法身の第三三偈《げ》のみが応身を説いたものとされている。

◆『二万五千頌般若経』における応身

『二万五千頌般若経』において『現観荘厳論』のⅧ法身の(3)応身に対応する部分は、ネパールに伝存するサンスクリット原典では、木村高尉氏の校訂テキストの第六分冊四三頁の三〇行から四四頁の四行目までを占めている。

またチベット訳（中国蔵学研究中心編『丹珠爾』所収本）では、第五一巻の五四九頁の第一八行から五五〇頁の第六行までに相当する。

いっぽう漢訳では、羅什訳『大品《だいぼん》般若経』はもとより、現行のサンスクリット原典に比較的近い玄奘訳『大般若波羅蜜多経』「第二分」にも、対応する経文を見いだすことができない。

それでは『二万五千頌般若経』で、応身に対応するとされる経文の全文を、以下に引用してみよう。なお当該箇所には漢訳が存在しないが、ここでは他の経文に合わせて、漢文読み下し調の訳文としている。

「復《ま》た次に須菩提《しゅぼだい》、般若波羅蜜を学して、彼の一切法を証得《しょうとく》し、無上正等菩提《むじょうしょうとうぼだい》を現等覚《げんとうがく》し、十方無量無辺《じっぽうむりょうむへん》の一切世界に於いて、一切時《じ》に種々の化身雲《けしんうん》をもって、一切衆生の利益《りやく》を為《な》す。須菩提、菩薩摩訶薩は、般若波羅蜜に於いて、是《かく》の如く学すべし」

◆『現観荘厳論』における応身

いっぽう『現観荘厳論本頌』では、Ⅷ法身の第三三偈に、つぎのように応身が総括されている。

「それによって世間に種々の利益を平等に為すところの、彼《か》の牟尼《むに》の応身は、輪廻《りんね》が尽《つ》きるまで不断である」

◆応身の分類

応身については『現観荘厳論本頌』の対応箇所が一偈に過ぎず、ハリバドラの『現観荘厳光明』の解説も語義解釈のみの簡潔なものになっている。そのためチベットの般若学でも、大きくは取り扱わないケースが多い。しかしヤクトゥンの『現観荘厳論註』は、応身を以下の三種に分類し、この説は後代の註釈家にも継承された。

①最高の応身 mchog gi sprul sku ——十二事業《じごう》の観点から衆生利益をなす。

②化作《けさ》の応身 bzo'i sprul sku ——（『アヴァダーナカルパラター』第八〇話で）乾闥婆王《けんだつばおう》のスプリヤを調伏《ちょうぶく》するために、乾闥婆の姿を示現《じげん》したようなもの。

③発生《ほっしょう》の応身 skye ba'i sprul sku ——山や邸宅《ていたく》、畜生《ちくしょう》（動物）などに化現《けげん》したもの。

日本仏教では、「山川草木悉皆成仏《さんせんそうもくしっかいじょうぶつ》」と言い、衆生以外の仏国土も仏である、あるいは成仏の可能性があると説く。この思想は、インド仏教の正統から外れていると批判されてきたが、チベットにも、衆生ではない山や邸宅・橋などが仏の化身となりうるという観念があるのは注目に値《あたい》する。

◆最高の応身の十二事業《じごう》

前述の三種のうち①最高の応身が、日本で通常「応身」と呼ばれるものに相当する。その特徴は、「十二事業の観点から衆生利益をなす」とされている。チベットでは通常、ブッダの誕生から涅《ね》槃《はん》までの事績《じせき》を一二にまとめて、「十二事業」（ゼーパ・チュニー）という。その数え方は『宝性《ほうしょう》論《ろん》』の「菩提品《ぼだいほん》」にしたがって、①降兜率《ごうとそつ》、②入胎《にったい》、③出胎《しゅったい》、④遊戯《ゆげ》、⑤技芸《ぎげい》、⑥出家《しゅっけ》、⑦苦《く》行《ぎょう》、⑧詣菩提場《けいぼだいじょう》、⑨降魔《ごうま》、⑩成道《じょうどう》、⑪転法輪《てんぽうりん》、⑫入《にゅう》涅槃とするが、数え方については異説もある。

この他、『チベット大蔵経』にはナーガールジュナに帰せられる『十二事業讃《さん》』が収録され、常用読誦《どくじゅ》経典の一つに数えられるが、ナーガールジュナの真作《しんさく》であるかについては疑問が呈《てい》せられている。

◆まとめ

以上、ブッダの三身あるいは四身の一つとされる応身について、チベットの般若学における解釈を概観した。なおブッダが誕生した時、父親の浄飯王《じょうぼんのう》（シュッドーダナ）がアシタ仙人に王子の将来を占わせたところ、三十二相八十種好が完全に備わっているので、将来は必ず仏になると予言したといわれる。このように三十二相八十種好は、応身の特徴とされることが多い。ところが『現観荘厳論本頌』では、三十二相八十種好は、もう一つの色身である報身の特徴とされていた。そこでチベットでは、応身にも三十二相八十種好はあるが報身ほど明徴《めいちょう》ではないといって、両説の会通《えつう》が図《はか》られている。

これに対して、チベットの般若学で応身の特徴とされたのは、『二万五千頌般若経』『現観荘厳論本頌』両者には説かれない「十二事業」であった。これは『宝性論』を典拠としており、チベットの般若学における「弥勒《みろく》の五法」の重要性を、改めて認識させるものといえる。

そして「一切時に種々の化身雲をもって、一切衆生の利益を為す」という利益の内容が、『現観荘厳論』「七十義」の最後のトピックとなる(4)法身の事業となるのである。

第24章

法《ほっ》身《しん》の事《じ》業《ごう》

前章では、『現観荘厳論』の「八章七十義」の体系において、「七十義」の第六九に相当する「応身《おうじん》」を取り上げたが、本章では「七十義」の最後に当たる「法身の事業」について、見ることにしたい。

◆『現観荘厳論』における法身の事業の位置づけ

本書第2章では、チベットの般若学では、『現観荘厳論』の八章が、Ⅰ一切相智／Ⅱ道種智／Ⅲ一切智の三智を明らかにした第一部と、Ⅳ一切相現等覚／Ⅴ頂現観／Ⅵ漸現観／Ⅶ一刹那現等覚の四加行を説いた第二部、そしてⅧ法身を説いた第三部の三つにまとめられ、この三部が、「基礎・道・果」（シ・ラム・デー）という、チベット仏教の伝統的概念に基づいて解釈されると述べた。

そして「法身の事業」は、このうち第三部の最後を飾るトピックとなっている。

つまり、衆生《しゅじょう》は発心《ほっしん》してから、三大阿僧祇劫《さんだいあそうぎこう》という無限に近い時間をかけて福徳《ふくとく》・智慧《ちえ》の二《に》資糧《しりょう》を積み、法身を成就《じょうじゅ》する、つまり悟りを開くことになるが、その目的は、他の衆生を救済することにあった。そして、その仏の衆生救済の働きを説いたものこそ、『現観荘厳論』の最後のトピック、「法身の事業」に他ならない。

◆『二万五千頌般若経』における法身の事業

なお『二万五千頌《じゅ》般若経』においてⅧ法身に対応する部分は、ネパールに伝存するサンスクリット原典、チベット訳（『丹珠爾《タンジュル》』所収本）とともに、「七十義」の第六七に当たる(1)自性身《じしょうしん》が冒頭の2パラグラフ、第六八と第六九に相当する(2)報身《ほうじん》、(3)応身は各1パラグラフであるのに対し、(4)法身の事業は、木村高尉氏の校訂テキストで三身対応部分の百倍以上にあたる一三六頁に及び、全体的に著《いちじる》しくバランスを欠くものとなっている。

ところが『二万五千頌般若経』に相当する玄奘訳『大般若波羅蜜多経』「第二分衆徳相品《しゅとくそうほん》」以下には、自性身・報身・応身に対応する部分が見いだせず、これ以後の全文が、(4)法身の事業に相当する経文で占められている。このことから『二万五千頌般若経』の三身相当部分は、『現観荘厳論』に基づく『般若経』の解釈学が一般化してから、新たに挿入された可能性が考えられるのである。

◆二十七種の法身の事業について

そして『現観荘厳論』では、『二万五千頌般若経』「法身の事業」相当の経文を、さらに二十七段に分科《ぶんか》し、その一々を二十七種の法身の事業に配当している。

そして、これら二十七種の法身の事業は、所化《しょけ》の衆生の修道《しゅどう》段階に応じて、資糧道《しりょうどう》から仏地《ぶつじ》までに対応するとされている。（次頁・表参照）

つまり、（次頁の表の）①から③までは発心の後、福徳と智慧を積む資糧道、④から⑦までは菩薩の十地に入る前段階の加行道《けぎょうどう》、⑧が四諦《したい》を明確に理解する智慧が備わる見道《けんどう》、⑨から㉖までが菩薩の十地、最後の㉗が究極の仏地に配当されている。

これらは①諸趣《しょしゅ》の寂静《じゃくじょう》、②四摂《ししょう》における建立《こんりゅう》、③煩悩《ぼんのう》あるものに浄化を理解する事などと呼ばれている。つまり、

「舎利弗《しゃりほつ》、我仏眼《ぶつげん》を以《もっ》て世間を観察するに、東方恒河沙《とうほうごうがしゃ》の世界において、菩薩摩訶薩《ぼさつまかさつ》は、思《し》願《がん》の故《ゆえ》を以て大地獄《だいじごく》等に入り、大地獄の衆生の劇苦《げきく》を滅除《めつじょ》し、神変示導《じんぺんじどう》、記説《きせつ》示導、教誡《きょうかい》示導の三種示導を以て、それら地獄の衆生に法を説く」

表 『現観荘厳論』における法身の 27 種の事業

修道階梯			二十七種の事業	『現観荘厳論』（サンスクリット）	『二万五千頌般若経』木村校訂梵本	『二万五千頌般若経』『丹珠爾』
総説					44-5 〜 49-13	Vol.51-550-7 〜 562-10
因に安立	資糧道		①諸趣の寂静	gatīnāṃ śamanaṃ	49-14 〜 55-23	562-11 〜 577-9
			②四摂における建立	saṃgrahe ca caturvidhe	欠	577-10 〜 605-15
			③煩悩あるものに浄化を理解する事	niveśanaṃ sasaṃkleśe vyavadānāvabodhane	55-24 〜 85-8	605-15 〜 644-3
	加行道		④衆生の願に応じた利益	sattvānām arthayathātmye	85-9 〜 86-18	644-4 〜 647-4
			⑤六波羅蜜	ṣaṭsu pāramitāsu ca	86-19 〜 87-5	647-5 〜 648-5
			⑥仏道	buddhamārge	87-6 〜 88-22	648-6 〜 651-2
			⑦本性空性	prakṛtyaiva śūnyatāyāṃ	88-23 〜 97-17	651-3 〜 670-17
	見　道		⑧二の滅	dvayakṣaye	97-18 〜 104-9	670-18 〜 689-16
	修道	二三	⑨表	saṅkete	104-10 〜 105-21	689-17 〜 692-20
		四六	⑩無所縁	anupalambhe	105-22 〜 109-2	693-1 〜 701-6
		七地	⑪衆生の成熟	paripāke ca dehināṃ	109-3 〜 112-4	701-7 〜 707-7
		八地	⑫菩薩の道	bodhisattvasya mārge	112-5 〜 120-18	707-8 〜 727-17
			⑬執着の遮止	abhiniveśasya nivāraṇe	120-19 〜 123-18	727-18 〜 734-8
			⑭菩提の獲得	bodhiprāptau	123-19 〜 124-26	734-9 〜 736-10
			⑮仏国土清浄	jinakṣetraviśuddhau	124-27 〜 130-22	736-11 〜 746-21
		九地	⑯決定	niyatiṃ prati	130-23 〜 133-29	747-1 〜 752-5
			⑰無量の衆生利益	aprameye ca sattvārthe	133-30 〜 134-21	752-6 〜 753-19
		十地	⑱仏供奉等の功徳	buddhasevādike guṇe	134-22 〜 139-17	753-20 〜 766-13
			⑲菩提の諸支分	bodher aṅgeṣu	139-18 〜 140-26	766-14 〜 769-21
			⑳業用の不壊	anāśe ca karmāṇāṃ	140-27 〜 143-20	770-1 〜 774-5
			㉑諦を見る事	satyadarśane	143-21 〜 145-27	774-6 〜 778-7
			㉒顛倒の断	viparyāsaprahāṇe	145-28 〜 159-21	778-8 〜 805-7
			㉓その実事ならざる事の理	tadavastukatānaye	159-22 〜 163-9	805-8 〜 813-18
			㉔浄化	vyavadāne	163-10 〜 168-17	813-19 〜 814-20
			㉕資糧を有する事	sasambhāre	168-18 〜 176-2	815-1 〜 835-2
			㉖有為と無為とにそれぞれに差別を遍知せぬ事	saṃskṛtāsaṃskṛte prati vyatibhedāparijñāne	176-3 〜 177-23	835-3 〜 844-14
果に安立			㉗涅槃に於ける建立	nirvāṇe ca niveśanaṃ	177-24 〜 179-18	844-15 〜 847-18

という経文は、①諸趣の寂静のうちの地獄の寂静に相当し、それ以後、畜生《ちくしょう》・餓鬼《がき》・天・人間の寂静に相当する経文が続くので、これら全体が①諸趣の寂静と呼ばれるのである。

いっぽう経典末尾近くの、

「そこにおいて生《しょう》無く、滅《めつ》無き法を非化《ひけ》と名づく。須菩提曰《しゅぼだいいわ》く。何の法非化なりや。（生滅する諸法と）不等にして不虚誑《ふこおう》なる涅槃《ねはん》こそ非化なり」

の経文が、二十七種の法身の事業の最後を飾る㉗涅槃に於ける建立、つまり、衆生を究極の仏果である無住処《むじゅうしょ》涅槃に安立《あんりゅう》する事業に相当するとされるのである。

これら二十七種の法身の事業の一々が、『二万五千頌般若経』のどの経文に相当し、菩薩の修道階梯《かいてい》のどこに対応するかは、一々説明すると煩《わずら》わしいので、前頁の表を参照されたい。なお法身の事業と修道階梯の対応については種々の異説があるが、本書では、タルマリンチェンの『ナムシェー・ニンポギエン』に従って作表した。いっぽう『二万五千頌般若経』の対応箇所は、中国蔵学研究中心編『丹珠爾』所収本の頁と行によっている。

◆二十七種の法身の事業の意味

このように『現観荘厳論』では、『二万五千頌般若経』末尾近くの経文を分科《ぶんか》し、これを二十七種の「法身の事業」に配当している。

本書第6章で見たように、「七十義」の第1である菩薩の発心《ほっしん》は、一切衆生を無余《むよ》涅槃に至らしめんと、無上菩提に向けて心を発《おこ》すことであるが、その所化《しょけ》には、全くの凡夫《ぼんぶ》から高位の菩薩まで、種々の段階の衆生が含まれる。そこで様々な衆生の器質《きしつ》と修道段階に応じて、菩薩は、種々の手立てを講じて、彼らを究極の仏果に導かなければならない。それが衆生の修道階梯に応じて、二十二種の発心が立てられた理由と考えられる。

いっぽう菩薩が、その誓願を成就して仏果を証すると、いよいよ法身の衆生救済が説かれるが、その所化にも、地獄に墜《お》ちた者から高位の菩薩まで、種々の段階の衆生が含まれる。そこで法身の事業も、これら所化の衆生に応じて、二十七種が立てられたのである。

本書第6章で見たように、『現観荘厳論』「七十義」の中で、一義に修道階梯の全段階を含むのは、第一の「発心」と最後の「法身の事業」の二つだけである。その理由については、チベットにも種々の説が見られるが、著者は次のように考えている。

菩薩は一切衆生を救済せんと無上菩提に向けて「発心」するが、ついに三阿僧祇劫に亘《わた》る修行を完成させて成仏すると、その誓願に基づいて一切衆生を自在に救済することになる。しかし、このような応身仏の衆生救済も、不断に連続する「法身の事業」に他ならない。このように『現観荘厳論』の最初のトピック「法身」と最後のトピック「法身の事業」は首尾呼応《しゅびこおう》しており、両者が菩薩の全修道階梯を含むことによって、大乗仏教の修道論と救済論を説示《せつじ》した『現観荘厳論』の体系が完結するのである。

◆全体の総括

以上、チベット仏教の根本教理である「般若学」への入門、『現観荘厳論』の解説は、本章で一応の完結を見ることになった。

チベットの般若学では、多岐《たき》に亘って多様な議論が闘わされてきたので、本書の限られた紙数では十分論じられなかった問題も多い。しかしあまりに浩瀚《こうかん》になると、入門や概説としての性格が失われ、かえって本書刊行の目的から外れることになるので、この辺で筆を擱《お》くことにしたい。

――本書の刊行が、日本では知られることの少なかったチベットの般若学についての知識を、飛躍的に拡大することを願っている。

ビブリオグラフィー

チベットの般若学に関しては厖大なテキストが著され、その総てを紹介することはできない。ここでは、サンスクリット原典やチベット語テキストで、近代に入って洋装本として校訂テキストあるいは復刻版が刊行されたもののみ挙げている。また『現観荘厳論本頌』『現観荘厳光明』や『要義』のチベット訳の翻刻のみで、チベット撰述のテキストを含まないものも除外した。

▼サンスクリット原典

① 『二万五千頌般若経』
Dutt, Nalinaksha (ed.): *The Pañcaviṃśatisāhasrikā Prajñāpāramitā* (Calcutta Oriental Series, 28), Calcutta 1934.

Kimura, Takayasu (ed.): *Pañcaviṃśatisāhasrikā Prajñāpāramitā* Ⅰ-1, Tokyo 2007.

——————— : *Pañcaviṃśatisāhasrikā Prajñāpāramitā* Ⅰ-2, Tokyo 2009.

——————— : *Pañcaviṃśatisāhasrikā Prajñāpāramitā* Ⅱ・Ⅲ, Tokyo 1986.

——————— : *Pañcaviṃśatisāhasrikā Prajñāpāramitā* Ⅳ, Tokyo 1990.

——————— : *Pañcaviṃśatisāhasrikā Prajñāpāramitā* Ⅴ, Tokyo 1992.

——————— : *Pañcaviṃśatisāhasrikā Prajñāpāramitā* Ⅵ-Ⅷ, Tokyo 2006.

Vajracharya, Vijay Raj (ed.): *Āryapañcaviṃśatisāhasrikā Prajñāpāramitā* (3 vols.), Sarnath 2006.

② 『現観荘厳論』関係

Wogihara, Unrai (ed.): *Abhisamayālaṃkārālokā Prajñāpāramitāvyākhyā* (commentary on *Aṣṭasāhasrikā-prajñāpāramitā*): the work of Haribhadra, together with the text commented on, Tokyo 1932-35.

Vaidya, P. L. (ed.): *Aṣṭasāhasrikā Prajñāpāramitā,* with Haribhadra's commentary called *Āloka* (Buddhist Sanskrit Texts No.4), Darbhanga 1960.

Amano, Koei H. (ed.): *Abhisamayālaṃkāra-kārikāśāstra-vṛtti,* Kyoto 2000.

Pensa, Corrado (ed.): *L'Abhisamayālaṃkāravṛtti di Ārya-vimuktisena,* Primo abhisamaya, Roma 1967.

▶チベット語テキスト

(1)カダム・ゲルク派系

rṄog lo tsa ba, Blo ldan śes rab: *Lo tsa ba chen po'i bsdus don,* Dharamsala 1993.

Tsoṅ kha pa, Blo bzaṅ grags pa: *Legs bśad gser gyi phreṅ ba,* 西寧 1986.

rGyal tshab, Dar ma rin chen: *rNam bśad sñiṅ po rgyan,* Varanasi 1993.

——————— : *rNam bśad sñiṅ po'i rgyan,* 西寧 2010.

mKhas grub dge legs dpal bzaṅ: *Phar phyin rtogs dka'i snaṅ ba,* 'Gar rtse dgon（甘粛省　臨夏県）2005.

rJe btsun, Chos kyi rgyal mtshan: *rGyan 'grel spyi don rol mtsho* (stod cha, smad cha), 西寧 1989.

——————————: *rJe btsun pa'i don bdun cu* (Studia Asiatica No.6), Nagoya 1983.

dGe bśes dpal ldan bzaṅ po: *bsTan bcos mṅon par rtogs pa'i rgyan 'grel pa daṅ bcas pa'i rnam par bśad pa legs bśad gser gyi phreṅ ba'i mchan 'grel luṅ rigs nor bu'i do śal,* Mundgod 2004.

rDo rams pa snam chen: *Legs bśad gser phreṅ gi sdom tshig la dogs pa dpyod pa dvaṅs byed nor bu'i byi dor,* Mundgod 2004.

mKhas grub dge 'dun bstan pa dar rgyas: *Phar phyin spyi don rnam gśad sniṅ po rgyan gyi snaṅ ba* (stod cha, smad cha), Bylakuppe 2005.

'Jam dbyaṅs bźad pa/ Kun mkhyen 'jigs med dbaṅ po: *Don bdun cu'i mtha' dpyod mi pham bla ma'i źal luṅ daṅ sa lam gyi rnam gźag theg gsum mdzes rgyan, grub mtha'i rnam gźag rin po che'i phreṅ ba,* Mundgod 2005.

Hal ha chos mdzad bla ma, bsTan pa'i sgron me: *Kun mkhyen 'jam dbyaṅs bźad pa'i phar phyin gyi yig cha'i mchan 'grel gser gyi lde mig,* Mundgod 2003.

mDzod tshaṅ, Blo bzaṅ brtson 'grus: *Phar phyin gźuṅ śiṅ ṅam dṅul gyi lde mig,* 北京

2003.

⑵サキャ派系

g'Yag ston saṅs rgyas dpal: *Śer phyin mṅon rtogs rgyan rtsa ba daṅ 'grel pa,* 成都 1994.

———————— : *Śes rab kyi pha rol tu phyin pa'i man ṅag gi bstan bcos mṅon par rtogs pa'i rgyan daṅ de'i 'grel pa don gsal ba daṅ bcas pa legs par śes pa rin chen bsam 'phel dbaṅ gi rgyal po,* 北京 2004.

Roṅ ston, sMra ba'i seṅ ge: *Śes rab kyi pha rol tu phyin pa'i man ṅag gi bstan bcos mṅon par rtogs pa'i rgyan gyi 'grel pa'i rnam bśad tshig don rab tu gsal ba* (西蔵文献撰集２), 京都 1988.

Go rams pa, bSod nams seṅ ge: *Śes rab kyi pha rol tu phyin pa'i man ṅag gi bstan bcos mṅon rtogs rgyan gyi gźuṅ sṅa phyi'i 'brel daṅ dka' gnas la dpyad pa sbas don zab mo'i gter gyi kha 'byed,* 北京 2004.

(3)カギュー派系

Bu ston, Rin chen grub: *Śes rab kyi pha rol tu phyin pa'i man ṅag gi bstan bcos mṅon par rtogs pa'i rgyan ces bya ba'i 'grel pa'i rgya cher bśad pa luṅ gi sñe ma,* The Collected Works of Bu-ston, Part 18 [Tsha], New Delhi 1971.

Karma pa, Mi bskyod rdo rje: *Śes rab kyi pha rol tu phyin pa'i luṅ chos mtha' dag gi bdud rtsi'i sniṅ por gyur pa gaṅ la ldan pa'i gźi rje btsun mchog tu dgyes par ṅal gso ba'i yoṅs 'du sa brtol gyi ljon pa rgyas pa,* 西寧 2001.

Źva dmar, dKon mchog yan lag: *Nuṅ ṅu rnam gsal*, Varanasi 2005.

(4)ニンマ派系

mKhan po brtson 'grus: *bsTan bcos chen po mṅon rtogs rgyan gyi lus rnam bźag gi 'grel pa 'jigs med chos kyi dbaṅ po'i źal luṅ,* Varanasi 1988.

(5)チョナン派系

Dol po pa, Śes rab rgyal mtshan: *Phar phyin mdo lugs ma,* 北京 2007.

Ña dbon, Kun dga' dpal: *bsTan bcos mňon par rtogs pa'i rgyan 'grel ba daṅ bcas pa'i rgyas 'grel bśad sbyar yid kyi mun sel* (stod cha, smad cha), 北京 2007.

———————— : *gŹi lam 'bras gsum las brtsams pa'i dris lan yid kyi mun sel,* 北京 2006.

無分別智《むふんべっち》……102
無漏法《むろほう》……184,186,191～194

【や】
ヤクトゥン gYag ston……52,53,169,202,203,208,211,215
ヤクトゥン・サンギェーペル gYag ston saṅs rgyas dpal……51,52,132,150,175,200,202
山口瑞鳳《やまぐちずいほう》……2,31

【ゆ】
唯識《ゆいしき》……26～29,45,49,56
唯識系《ゆいしきけい》……44,49,55,58,94,186,193
唯識思想《ゆいしきしそう》……26,46
唯識派《ゆいしきは》……48,49

【ら】
ラトナーカラシャーンティ……202,210

【り】
理法身《りほっしん》……195
龍樹《りゅうじゅ》→ナーガールジュナ
了義《りょうぎ》……55,56
霊鷲山《りょうじゅせん》……26,113

【る】
ルーナムシャク Lus rnam gźag……201

【れ】
『レクシェー・セルテン』Legs bśad gser phreṅ……27,54,149,207
レンダワ Red mda' ba……52,53

【ろ】
六波羅蜜《ろくはらみつ》……67,68,85,88,92,103,136,138,174,182～184
ロントゥン Roṅ ston……51,52,202

【わ】
ワンドゥチャワ dbaṅ du bya ba →依処

八勝処《はっしょうしょ》……192,193,204
抜除習気《ばつじょじっけ》……192,193
『八千頌般若経』《はっせんじゅはんにゃきょう》……2,6,46
波羅蜜学《はらみつがく》……3,50
ハリバドラ……6,35,45,47,48,51,55,57,103,113,119,200,202,210,215
パルチン Phar phyin……3,50
『パンタンマ目録』dKar chag ’phaṅ thaṅ ma……51
『般若波羅蜜多円集要義論』《はんにゃはらみたえんじゅうようぎろん》……46

【ひ】

兵藤一夫《ひょうどうかずお》……4

【ふ】

福徳《ふくとく》……58,76,85,102,158,160,162,173,181,219,220
仏功徳法《ぶつくどくほう》……193,203
仏身論《ぶっしんろん》……194,196,203,204,211,212
仏地《ぶつじ》……76,93,220
プトゥン Bu ston……41,53
不二相一切法一刹那現等覚《ふにそういっさいほういっせつなげんとうがく》……181,185
フビライ汗……24
『プラマーナ・ヴァールッティカ』……25,54
分際《ぶんざい》……57,59

【ほ】

法決定《ほうけつじょう》……208,211
『宝性論』《ほうしょうろん》……43,44,51,55,216,217
報身《ほうじん》……151,194,195,199 ~ 201,203,205 ~ 207,209 ~ 213,217,219
『法華経』《ほけきょう》……3
法性《ほっしょう》……110,121,130,199

【ま】

マイトレーヤ……25,40,59
魔事《まじ》……139,140
真野龍海《まのりゅうかい》……8

【み】

ミキュードルジェ Mi bskyod rdo rje……51,202
未熟一切無漏法一刹那現等覚《みじゅくいっさいむろほういっせつなげんとうがく》……181,183
未了義《みりょうぎ》……55,56
弥勒菩薩《みろくぼさつ》……41,42,43

【む】

無間道《むけんどう》……102,164,169
無住処涅槃《むじゅうしょねはん》……222
無相一切法一刹那現等覚《むそういっさいほういっせつなげんとうがく》……181,184

『中論』《ちゅうろん》 25～27,56
チョナン派 Jo naṅ pa 50,53,56,230

【つ】
ツァムジョルワ mtshams sbyor ba 34
ツァムツァデル・スム mtshams rtsa 'grel gsum 34
ツォンカパ Tsoṅ kha pa 25,27,52～54,149,202,209
ツルティム・ケサン Tshul khrims skal bzaṅ 50

【て】
ディグナーガ→陳那
『デンカルマ目録』dKar chag ldan dkar ma 51
テンパ brtan pa →堅固

【と】
トゥンドゥードンメ Don bsdus sgron me →『摂義灯』
兜率天《とそつてん》 41,43,45
ドルポパ Dol po pa 50,53

【な】
ナーガールジュナ 25,40,49,59,216
『ナムシェー・ニンポギェン』rNam bsad sñiṅ po rgyan 54,69,118,132,148,149,175,183,200,222
ナレンドラ 51

【に】
二十一種無漏智《にじゅういっしゅむろち》 188～190,192～195,197,199,200,203
二十一種無漏法《～むろほう》 194,200,204
二資糧《にしりょう》 58,85,173,219
ニティナンワ Ñi khri snaṅ ba →『二万光明』
『二万光明』《にまんこうみょう》 48,194
『二万五千頌般若経註』《にまんごせんじゅはんにゃきょうちゅう》 47,48
ニャウン・クンガペル Ña dbon kun dga' dpal 51,52,202
如来蔵経典《にょらいぞうきょうてん》 56
ニンマ派 rÑiṅ ma pa 24,50,230

【ね】
根本裕史《ねもとひろし》 53

【は】
パーラ王朝 55
袴谷憲昭《はかまやのりあき》 55
パクパ 'Phags pa 24
八思巴《ぱすぱ》→パクパ
八解脱《はちげだつ》 122,192
八章七十義 6,7,32,34,62,71,78,86,96,106,116,142,149,180,188,218

処決定 しょけつじょう……………………208,211
資糧道 しりょうどう……………69,76,130,177,220
身決定 しんけつじょう……………………208,210
甚深観 じんじんかん……………………27,54,55
心相続 しんそうぞく………58,69,101,148 ~ 150,185
陳那 じんな………………………………………46

【す】

スタン………………………………………31,32

【せ】

世親 せしん………………41,42,45,46,48,49,55,94
世俗諦 せぞくたい……………………169,200
世第一 せだいいち……………………66,69,162
セラ寺 Se ra dgon pa……………54,69,162
セラ・ジェプツン Se ra rje btsun…………
4,118,228
セルウェー・ツルティム gSal ba'i tshul khrims……………………………………………42
善巧方便 ぜんぎょうほうべん…………………………
117,138,148 ~ 154,169

【そ】

相続後際 そうぞくごさい……………………58,59
ゾクチェン rdzogs chen……………………24
尊者解脱軍 そんじゃげだつぐん……………48,55

【た】

第一転法輪 だいいちてんぼうりん……………26,55
第三転法輪 だいさんてんぼうりん……26,49,55,56
大自在天 だいじざいてん………………208,211
第四転法輪 だいしてんぼうりん…………………56
帝釈天 たいしゃくてん…………3,35,99,100,130
『大乗荘厳経論』だいじょうしょうごんきょうろん
………………………………43,44,51,55,74,76
『大智度論』だいちどろん………………164,165
第二転法輪 だいにてんぼうりん………26,49,55,56
『大品般若経』だいぼんはんにゃぎょう……………
6,33,58,87,112,139,140,164,190,192,198,208,214
高崎直道 たかさきじきどう…………………………2
タコル（僧院巡り）…………………………27
他受用 たじゅゆう………………………195,211
陀羅尼 だらに……………………………79,82,138
ダルマキールティ……………………………25
タルマリンチェン Dar ma rin chen………
4,53,54,66,69,70,118,132,142,146,148 ~ 150,175,183,185,200,222
但菩薩地 たんぼさつじ………………57,58,93,94

【ち】

チェーパ学堂 Byes pa grva tshaṅ…54,208
『チベット大蔵経』…………………48,216
チベット密教…………………………………4,186
智法身 ちほっしん………………………………
189,190,194 ~ 196,198 ~ 204,206,213
中観 ちゅうがん……………………26,28,55,56
中観派 ちゅうがんは……………………27,28,49
『中辺分別論』ちゅうへんふんべつろん…43,51,55

189,193～195,198,199,201～203
三千大千世界 さんぜんだいせんせかい……81,82
三念処 さんねんじょ……192,193,203
サンプ・ネウトク学院 gSaṅ phu ne'u thog……51
三無護 さんむご……192,203

【し】

止観双修 しかんそうしゅう……120
色究竟天 しきくきょうてん……208,210,211
色究竟天成仏説 ～じょうぶつせつ……211
色身 しきしん……204,217
時決定 じけつじょう……208,211
四種一切相清浄 ししゅいっさいそうしょうじょう……192,193
四種一刹那現等覚 ししゅいっせつなげんとうがく……183
自受用 じじゅゆう……195,211
四姓各別説 ししょうかくべつせつ……49
自性身 じしょうしん……138,189,192,194～201,203,205,206,213,219
四身 ししん……194～196,201,217
四身説 ししんせつ……189,193,195,201～204,206,213
四神足 しじんそく……74
四諦 したい……26,66,100,113,121,122,143,220
四諦現観 ～げんかん……113
四諦十六行相 ～じゅうろくぎょうそう……146
四諦十六現観 ～じゅうろくげんかん……100,101,113,114
四大宗派 しだいしゅうは……24
事智 じち……38
十波羅蜜 じっぱらみつ……122,176
十遍処 じっぺんじょ……192,204
四念処 しねんじょ……74,122,182
シノプシス……7
四無畏 しむい……124,147,193
四無礙 しむげ……124,147
四無量 しむりょう……68,182,192,193,203
シャーキャチョクデン Śākya mchog ldan……52
『十地経』じゅうじきょう……94
『十地経論』じゅうじきょうろん……94
十二事業 じゅうにじごう……215～217
『十二事業讃』じゅうにじごうさん……216
十八不共仏法 じゅうはちふぐうぶっぽう……124,147,193
十八空 じゅうはっくう……83-84
『十万頌般若経』じゅうまんじゅはんにゃぎょう……2,6,57,94,108,111
十力 じゅうりき……124,147,192,193
十六空 じゅうろっくう……83,122
種性 しゅしょう……66,67,69
受用身 じゅゆうしん……195,210
順決択分 じゅんけっちゃくぶん……63
『摂義灯』しょうぎとう……209,210
聖解脱軍 しょうげだつぐん……46,48,55,194,202
『小註』→『現観荘厳論小註』

【く】

空三摩地《くうさんまじ》……154

共の十地《ぐうのじゅうじ》……57,93

九次第定《くしだいじょう》……122,192

倶舎論《くしゃろん》……25,26,28,146

鳩摩羅什《くまらじゅう》……6,33,87,112,114,139,140,164,190,198,206

クンチョクイェンラク dKon mchog yan lag……51,67

【け】

鶏足山《けいそくせん》……42

ケートゥプ・ゲレクペルサン mKhas grub dge legs dpal bzaṅ……53

加行道《けぎょうどう》……69,76,161,162,220

『華厳経』《けごんきょう》……3,57,58,93,94

『解深密経』《げじんみつきょう》……26,55

解脱道《げだつどう》……102

ゲルク派……24,25,27,50,53～56,202,208,227

『現観荘厳光明』《げんかんしょうごんこうみょう》……6,28,35,45,51,57,103,200,202,215,225

『現観荘厳論小註』《げんかんしょうごんろんしょうちゅう》……45,119

堅固《けんご》……117,158～160,162173,177

玄奘《げんじょう》……6,33,47,64,72,79,83,87,94,97,107,111,112,114,118,119,127,133,139,140,143,151,159,165,166,173,181,190,198,206,214,219

玄奘三蔵《～さんぞう》……46

眷属決定《けんぞくけつじょう》……208,211

乾慧地《けんねじ》……57,58,93,94

【こ】

恒河天女《ごうがてんにょ》……3,35

広大行《こうだいぎょう》……27,54,55

五蘊《ごうん》……58,103,147

ゴク・ロデンシェーラプ rṄog blo ldan ses rab……51

五決定《ごけつじょう》……205,207～210,212

五波羅蜜《ごはらみつ》……3,85

コラムパ Go rams pa……52,202

【さ】

最後有《さいごう》……69,101,177,181,184,185

最高の応身《さいこうのおうじん》……215,216

サキャ派……24,51,52,202,229

サツァム sa mtshams……57

三学《さんがく》……37,38

三結《さんけつ》……165

三時教判《さんじきょうはん》……26,29

三十七菩提分法《さんじゅうしちぼだいぶんぽう》……74,122,192,193,203,204

三十二相八十種好《さんじゅうにそうはちじっしゅごう》……207,210,211,217

三乗《さんじょう》……68,103

三身《さんじん》……150,153,193～195,199,201～203,217,219

三身説《さんじんせつ》……

索　引

【あ】

アティーシャ……209～211

アバヤーカラグプタ……202

『阿毘達磨集論』《あびだつまじゅうろん》……203

【い】

異熟一切無漏法一刹那現等覚《いじゅくいっさいむろほういっせつなげんとうがく》……181,184

【う】

ヴァストゥ・ジュニャーナ……38,120

ヴァスバンドゥ……25,42

ヴィムクティセーナ……46～48

【え】

依処《えしょ》……117,158,159,173

縁覚《えんがく》……37,38,103,114,120,143,155,166,167

【お】

応身《おうじん》……103,151,194,195,211,213～219,223

荻原雲来《おぎわらうんらい》……28,29

【か】

カギュー派……24,230

カルマ派……50,51,67

願智《がんち》……192,193

【き】

ギェルツァプ→タルマリンチェン

ギェルツァプ・タルマリンチェン→タルマリンチェン

基礎・道・果《きそ・どう・か》……32,63,78,86,96,106,116,172,180,189,197,205,213,218

基智《きち》……38,106～108,110～112,120～122

木村高尉《きむらたかやす》……7,64,79,87,97,107,117,126,133,143,151,159,165,173,181,190,198,206,214,219

憍尸迦《きょうしか》……99,100,112,130

教主決定《きょうしゅけつじょう》……210

ギュンタ→相続後際

田中　公明（たなか・きみあき）

1955年（昭和30年）、福岡県八幡市（現北九州市八幡東区）生まれ。1979年東京大学文学部卒（印度哲学専攻）。1984年同大学大学院博士課程満期退学。東京大学文学部助手（文化交流）を経て、現在、(公財)中村元東方研究所専任研究員、慶應義塾大学講師（非常勤）、利賀ふるさと財団「瞑想の郷」（富山県）主任学芸員、ハンビッツ文化財団（韓国・ソウル）学術顧問、チベット文化研究会副会長。文学博士（2009年、東京大学大学院）。
著訳書に、『曼荼羅イコノロジー』（平河出版社）、『超密教　時輪タントラ』（東方出版）、『インド・チベット曼荼羅の研究』『敦煌　密教と美術』（以上・法蔵館）、『チベット密教　成就の秘法』（大法輪閣）、『曼荼羅グラフィクス』（山川出版社）、『図説チベット密教』『両界曼荼羅の誕生』『インドにおける曼荼羅の成立と発展』（以上・春秋社）など多数。

個人ＨＰ　http://www.geocities.jp/dkyil_hkhor/

大乗仏教《だいじょうぶっきょう》の根本《こんぽん》〈般若学《はんにゃがく》〉入門《にゅうもん》――チベットに伝《つた》わる『現観荘厳論《げんかんしょうごんろん》』の教《おし》え

平成26年　9月　22日　初版第1刷発行 ©

著　者　田　中　公　明
発行人　石　原　大　道
印刷所　三協美術印刷株式会社
製　本　株式会社　越後堂製本
発行所　有限会社　大法輪閣
〒150-0011 東京都渋谷区東2-5-36 大泉ビル2F
TEL　(03) 5466-1401(代表)
振替　00130-8-19番
http://www.daihorin-kaku.com

ISBN978-4-8046-1366-6　C0015　　Printed in Japan